英語のこころ

マーク・ピーターセン
Mark Petersen

インターナショナル新書 024

はじめに

　早いもので、初めて書いた新書『日本人の英語』(岩波新書)が出版されてから、30年のときが流れた。私が日本語を学びながら、そして、大学で英語を教えながら気づいたことについて記したこの書は、幸い絶版にならずに、これまで読み継がれてきた。
　それから現在まで、「一般の日本人の英語はどう変わってきたのか？」という質問を折りに触れて受けてきた。答えようと思っても単純には片付けられない問題だから、それについて何か発言するとなると複雑な気持ちになるが、私が授業で接する学生の英語力から判断すると、次のことが言えると思う。

- ◆ 確かに30年前に比べると、現在の日本人の若者のほうが英語の音に対して敏感になってきていて、英語の発音と聞き取りはよくなっている。
- ◆ 依然として言われることのある「日本人の外国人コンプレックス」という問題も、若い人に限って言えばもはや存在しないようだ。
- ◆ 以前であれば教室でよく見られた、恥ずかしいのと間違いを恐れる気持ちから、沈黙が続くという

光景もなくなった。むしろ、積極的に「喋(しゃべ)ってみたい」という学生が増えている。
◆その代わり、文法を学ぶ時間は減っているため、基本的な文法の理解力が落ちてきている。
◆また、非常にもったいないことに、英文を読む習慣が減り、中学・高校で使われている英語教科書に載っている英文も必要以上にシンプルになってきている。単純化された英語にしか触れていないことで、読解力がずいぶん下がっている。
◆30年くらい前から萌芽が見られた「語彙(ごい)の貧困」という問題は、一層深刻になっている。

最後の二つの問題に関しては、技術の進歩の影響も受け、30年前に比べて本を読む量が大幅に減った「いまどきの若者」の「日本語の国語力」についても似たようなことが言えるのだから、ある意味仕方がないことなのかもしれない。

逆説的だが、「語彙の貧困」という現象は、本物の英語を身につけたい方にとっては、ヒントになるはずだ。結局、説得力のある英語を話したり書いたりするためには、たくさんの語彙が必要であり、それを自分のものにするには、可能な限り多くの英文を読み、それを消化し、自分のものにするという地道な努力を続けるしかないのだから。

以前から繰り返し言っていることだが、私は現在の日本のように国民全員に一つの外国語を覚えさせることは無理があると考える。語学学習は本人の自発的努力しかない。義務教育として、無理矢理英語を教えて、思うように目標を達成できないのは当然ではないだろうか。

　だが、何といっても、いまどきの若者の「人間性の良さ」は、30年前も今も一切変わっていない。「先進国の中で英語がいちばん不得意」かもしれないが、人間性にはなんの問題もない。日本は幸せな国だと身にしみて感じることも多い。

　私は2017年3月に、31年間勤めた明治大学を定年退職となった。現在、非常にありがたいことに、私は再就職先として金沢星稜大学に声をかけていただき、人文学部で英語を教えている。新しい学部なので、まだ比較的小規模ではあるが、そのおかげで、学生各自の個人指導を細かいところまでできる。温かく気持ちのいい環境で仕事ができて、とても幸運に感じている。

　担当科目は、私がいちばん"得意"とする（つもりの）英語の「ライティング・スキル」と「英文法」が主である。日本人にこの二つの科目を教えるとなると、どうしても「冠詞と数」「時制」「仮定法」「関係詞節」「因果関係の表現」「前置詞の使い方」という「用法」を

メインテーマにする必要がある。私がこれまで書いた本のテーマもそのほとんどがそれらの「用法」に焦点を当てたものだった。

それに対して、本書では、これまで取り上げるゆとりがなかった「語彙の問題」を中心とした。これも一般の日本人英語学習者にとって実に重要なテーマだと思っている。語彙の正しい理解は、読解だけでなく、正しく話したり、書いたりするときにも必要不可欠なことは言うまでもないだろう。

本書では、語彙の問題以外に、これまでの私の著作と同様に、英語と日本語を話す人が自分の考えや思いを伝えるときの「心の細やかな動き」についても考えてみたつもりだ。手に取ってくれた方が、英語と日本語という二つの言語に限らず、言葉に対する意識をこれまでより少しでも強くもってくれたらうれしい。

目次

はじめに　3

1　diversity が表す多様な世界　12
variety か diversity か？／企業が目指す多様性とは？／ケネディ大統領が目指した多様性／黒人同士の暴力を歌うソウルの名曲／アメリカ社会の二極化を憂える歌

2　「原子力問題」を考察する　22
「放射線」と「放射能」の違い、分かりますか？／「核」と「脱原発問題」／サダム・フセインが英語に与えた影響／the mother of の本来の意味／原発の再稼働問題を考える／「問題」に当たる英語に関する問題

3　性と愛をめぐる英語表現　37
初めての性的ユーモア／気持ちの悪い I love you. ／lover は恋人ではない？／ジャズ・スタンダードで学ぶ恋／コール・ポーターの巧みな押韻／「人」を表す love ／ロバート・バーンズの名詩

4　英語に見る「老人力」への意識　51
英語で「力」をどう表すか？／英語の -ism を考える／高齢者への蔑称から学ぶ教訓／老人を表す様々な英語／婉曲的でも受け入れがたい「老い」

5 英語に訳せない小津映画の
巧妙なセリフ　　　61

『秋刀魚の味』の巧妙なセリフ／「色気」をめぐる誤訳／深い味のある「いい塩梅に」／不定冠詞 a がもつ論理／強調の定冠詞 the／アイロニーと反語的表現／品のない英語を考える／誤訳だらけの慣用表現

6 「第3の場所」の役割を果たす
本屋の力　　　78

出会いを求めて集まる場所／夢の「神田古書店街」／第3の場所の特質／動詞の welcome を使いこなす／通風持ちを「誘惑する」英語／油っこい語感をもつ英語

7 「資本主義の走狗」の英訳の
不可思議さ　　　87

毛沢東による批判のコミカルな英訳／capitalism の語源を考える／資本主義と大恐慌／ある農民のすさまじい体験

8 『こころ』の文体に見られる
英語の影響　　　101

単純には訳せない『こころ』と「先生」／繰り返しの多い英語的な文体／「私の自信を傷めた」への違和感／rather than 〜 を思い出させる表現／英語では出せない感覚／英語の時制が理解できる『こころ』の英訳／日本人の英語に存在しない過去完了／マクレランの選択を考える

9 英語の語彙に定着したtsunami　116
tsunamiが英語になったのはいつか？／tsunamiを使う悪趣味な現象／地震に関する様々な英単語／ベッシー・スミスの歌う大洪水／ミシシッピ大洪水を歌うブルース／ハリケーン・カトリーナの悲哀を歌う

10 日本語の人間味あふれる擬態語世界　128
「家」をどう英語に訳すか？／「ピリピリ」しているのは誰か？／「おっとり」との出会い／「ぷにぷに」か「ぷにゅぷにゅ」か／英語の擬音語を考える／「ちっちゃなクモさん」を表す擬態語／「子ども向き」ではない擬態語

11 英語と日本語の世代間ギャップを考える　139
ベビー・ブーマー世代の憤り／Lost Generationは「失われた世代」か？／被害者イメージのないジェネレーションX／混同される現在分詞と過去分詞／電子辞書のすすめ

12 『細雪』と*The Makioka Sisters*　149
英語で読んだ『細雪』／サイデンステッカーの英訳を読む／英語のタイトルにはできない細雪／英訳から学ぶ疑問文のニュアンスの違い

13 死を表すおすすめの婉曲表現　159
「臨終」という言葉への違和感／away と on の微妙な違い／over を使った不気味な表現／E・E・カミングスの死についての詩／バッファロー・ビルとは何者か？　アメリカ人にとって「種馬」のイメージとは？／死神がやってくる

あとがき　172

1 diversityが表す多様な世界

It is time for parents to teach young people early on that in diversity there is beauty and there is strength.
—— Maya Angelou

多様性には美しさと力がある、と早い段階で親たちが若者たちに教えるべき時が来ました。
—— マヤ・アンジェルー

How can you govern a country which has 246 varieties of cheese?
—— Charles de Gaulle

246種類ものチーズがある国をどのように治めるというのですか？
—— シャルル・ド・ゴール

varietyかdiversityか？

「多様性」を英語で表現するには、たいていvarietyかdiversityが用いられる。この2語の意味は基本的に同じだが、語感とニュアンスは微妙に違う。

まず、語感としては、varietyのほうが軽く、「日常的」な言い方になる。たとえば、アイスクリームに31もの味があるというような話なら、

All Baskin-Robbins shops sell ice cream in a **wide variety** of flavors.

（バスキン・ロビンスの店はどこも**多種多様**な味のアイスクリームを売っている）

のように、**variety**を用いた言い方が自然だが、同じ内容でも "a large **diversity** of flavors" とはふつう言わない。これは、**diversity**という語は重みがありすぎてこの場面にはそぐわない感じがするからだ。また、ニュアンス的にも合わないところがある。

具体的に言うと、「選択肢の幅広さ」が強調される感じの**variety**に対して、**diversity**は「各種のそれぞれの相違点そのもの」が強調されているようなニュアンスがあるのだ。

また、これとは対照的なことに、厳格なポリティカル・コレクトネス（political correctness, PC）の世界では、diversityを使うことが圧倒的に多い。

具体的なケースを挙げると、たとえば、ワシントン州のある大学の医学部では、アメリカ西海岸出身の東洋系の学生が大半を占め、東海岸出身のヒスパニック系の学生は一人もいないとする。そこで、大学は受験者の中から、無理にでも東海岸出身のヒスパニック系の者を探し出し、合格させる。その結果として、受かるはずだった西海岸出身の東洋系の受験生が一人落とされることになるかもしれないが、医学部の **student** diversity（学生の多様性）は高まる。そこで、大学側は、

> In order to provide a rich educational environment, **student diversity** is especially important.
> （豊かな教育環境を提供するためには、**学生の多様性**は特に重要である）

などのように主張するかもしれない。

この医学部のようにアメリカの大学では、学生の「多様性」を高めるために、「特別選考枠」を設けることがよくある。入学試験の総得点からすれば明らかに不合格のはずの受験生Aを「合格」とし、受験生Aよりはるかに高得点を取った受験生Bを「不合格」とする、というようなことが少なくないが、この措置が目指すものはstudent **diversity**と言い、student **variety**とは言わない。

このような「積極的差別是正措置」（affirmative action）を表現する場合には、「重みがあり、各種のそれぞれの相違点そのもの」が強調される感じのdiversityという語がぴったりだが、「31種類の味が揃っている」というアイスクリーム屋の広告にふさわしいvarietyは、そぐわないのである。

企業が目指す多様性とは？

この20年間、アメリカの大企業がdiversityという言

葉を標語として使うことが極めて多くなってきた。むろん、様々な製品の生産（product diversity）や、多角的な投資（investment diversity）などに関して使うことが依然としてよくあるが、それよりも diversity in the workplace（職場での人間の多様性）の素晴らしさを強調するために使うことが目立つようになっている。diversity in the workplaceの話になると、
　　　racial diversity（人種的多様性）
　　　ethnic diversity（民族的多様性）
　　　age diversity（年齢の多様性）
　　　gender diversity（性別の多様性）
　　　sexual-orientation diversity（性的指向多様性）
などが主な例となる。

　考えてみれば、gender diversityは、「多様性」ではなく、「二様性」の話だから、かなり変な言い方である。また、sexual-orientation diversityに関しても、考え方によっては「異性」と「同性」しかないはずだ、と文句をつけたくなる人もいるかもしれない。しかし実際のところ、人間の「性的指向」は数え切れないほど多様なので、文句のつけようのない言い方ではある。

　熱帯雨林などの大自然に見られるbiodiversity（生物多様性）とは違って、アメリカの職場や大学に見られるdiversityは、理論上では理想的な有り様かもしれないが、実際には不安定な状態になりやすい。地政学

的なレベルでも、世界各国の政治的・思想的・宗教的diversityが戦争の原因になってしまうこともある。

ケネディ大統領が目指した多様性

　1917年にウィルソン大統領は、アメリカの第一次世界大戦への参戦の必要性について、

　　The world must be made safe for democracy.
　　（世界は、民主主義を許容できなければいけない）

と言った。冷戦中の1963年には、ケネディ大統領がもう少し寛容な姿勢を示し、この言葉を借りて、

　　... if we cannot end now our differences, at least we can help make the world safe for diversity.
　　（今は、お互いの相違点をなくせないかもしれませんが、少なくとも、世界が多様性を許容できるようにすることはできます）

と言った。

　これは、ケネディ大統領がダラスで暗殺される約5カ月前の6月10日に行われた、アメリカン大学の卒業式での演説にあった言葉だ。その続きは次の通りである。

　　For, in the final analysis, our most basic common link is that we all inhabit this small planet. We all breathe the same air. We all cherish our children's futures. And we are all mortal.

（というのも、最終的には、我々人間の最も基本的な共通点は、みなこの小さな惑星に住んでいるということです。みな同じ空気を吸っています。誰もが自分の子どもの将来を大切に思っています。そして、誰もがいずれは死んでいく身なのです）

黒人同士の暴力を歌うソウルの名曲

　上記の演説の約2カ月半後に、キング牧師があの「I Have a Dream演説」で人種平等を主張した。しかし、あれから50年以上経っても、人種差別が依然としてアメリカの最も深刻な社会問題だ。バラク・オバマが黒人初の大統領になってもなかなか改善されなかった、複雑な問題である。

　問題の深刻さを端的に表すものとして、アメリカのトーク番組などで黒人に対する差別が論じられるときによく出てくる「black-on-black violent crime（黒人同士の暴力犯罪）がかなり多い」という論調がある。

　簡単に言えば、「黒人文化」自体にも問題があるのでは、との指摘なのだが、そもそも黒人同士の暴力犯罪率に関する確かな統計が少なく、また、信憑性のありそうな統計にしても、いろいろな社会的解釈ができるので、結局その現象の意義についてはこれといった結論は出ない。

　私がblack-on-black violent crimeを初めて意識した

のは、高校3年生の頃である。ソウル・ミュージックの女王アレサ・フランクリン（Aretha Franklin）が歌う "Take a Look"（「ちゃんと見てみな」／作詞・作曲：クライド・オーティス〈Clyde Otis〉／1964年）という曲を聴いたときだ。次の歌詞が特に印象的であった。

> Brothers fight brothers, and sisters wink their eyes, while silver tongues bear fruits of poison lies.

この英語を自然な日本語に訳すことは非常に難しいのだが、強いて言えば「黒人の男は自分たち同士で争い、黒人の女たちはそれを面白半分に見逃す。その上、口だけ達者な奴らは毒の嘘をつきやがる」といったところだろう。

アメリカの黒人は、よく "He's a **brother**."（彼は同じ黒人だ）や "She's a **sister**."（彼女は同じ黒人だ）のように、人種的仲間意識を brother と sister を使って表す。

ここでの "**Brothers** fight **brothers**" は、ギャングの drive-by shootings（走行中の車からの銃撃）などの black-on-black violent crime を示している。そうした男性たちの争いを見ている黒人の女性たちが wink their eyes（ウィンクする）という表現は、wink at 〜（〜を咎めずにおく、見て見ぬ振りをする、見逃してやる）という意味を表しながら、何か面白いことに気

づいたとき相手に「意味ありげなウィンクをする」という意味もほのめかしている。

　また、silver tongues（雄弁家）はここで「口だけ達者な政治家たち」のことを皮肉っている。

　これは「私たちはなぜ一つになって非暴力による抵抗を中心とする公民権運動に参加できないのか」とblack-on-black violent crimeを悲劇として見ている歌なのである。その後の歌詞には、「I Have a Dream演説」を間接的に引き合いに出す次の言葉がある。

　　What's happening to your precious **dream**?
　　It's washing away on a bloody, bloody **stream**.
　　（あの大切な**夢**はいったいどうなっている？　血に染まってしまった**川**に押し流されているではないか）

　dreamとstreamが韻を踏んでいることにも注意してほしい。

アメリカ社会の二極化を憂える歌

　これまではラヴ・ソングがほとんどだったソウル・ミュージックの歌詞に、社会的意識が幅広く見られるようになったのは、1971年にリリースされたマーヴィン・ゲイ（Marvin Gaye）の"What's Going On"（「今起こっていること」／作詞・作曲：アル・クリーブランド〈Al Cleveland〉、マーヴィン・ゲイ、レナルド・ベ

ンソン〈Renald Benson〉〉）という曲からである。

この歌のテーマは人種差別ではなく、ベトナム反戦運動とその戦争によるアメリカ社会の二極化だった。"What's Going On"は、まず、ベトナム戦争で息子を失ってしまって泣いているアメリカの**母たち**が多すぎる、と嘆じる、

> **Mother, mother,** there's too many of you crying.
> （お母さん、お母さん、泣いているお母さんたちが多すぎる）

という歌詞から始まる。また、歌のその後では、戦争の拡大は無意味だと主張しながら、その拡大を助長しているのは徴兵される心配のないアメリカの**中高年男性**ばかりだと、**father**という語を使って指摘する、

> Father, father, we don't need to escalate.
> （父さん、父さん、戦争を拡大する必要はないよ）

というシンプルな歌詞も効果的である。

なお、当時目立っていたgeneration gap（世代の断絶）に触れる次の歌詞もある。

> ... who are they to judge us simply 'cause our hair is long?
> （たかが髪が長いからといって、僕らを非難する権利があいつらにはあるのか？）

ベビーブーム世代の若者によって人口が急増し、その世代のシンボルだった男性の長髪は、上の世代にと

ってショッキングなファッションだった。社会的ルールの破壊の象徴でもあったのだ。しかし、髪の長さを非難している大人たちが、数えきれないほど多くのベトナム人を殺しているアメリカ軍を黙認するなんて、価値観の基準はいったいどこにあるんだ、と主張する歌詞だ。

"What's Going On"は、最後に、アメリカ社会の二極化をどうにか和（やわ）らげなければいけないという気持ちを、

> We've got to find a <u>way</u> to bring some understanding here to<u>day</u>.
>
> （もう、互いに理解できるようになる方法を何とか見つけなければならないのだ）

と表現する（wayとtodayが韻を踏んでいる）。

多様性があるがゆえに、分裂の危険といつも背中合わせのアメリカを象徴する曲だと言えるかもしれない。

1　diversityが表す多様な世界

2 「原子力問題」を考察する

The release of atomic power has changed everything except our way of thinking. The solution to this problem lies in the heart of mankind. If only I had known, I should have become a watchmaker.
—— Albert Einstein

原子力の封印を解いたことはすべてを変えた——我々の思考法以外の。この問題への解決方法は、人類の心の中にある。こうなることが分かっていたら、時計職人になっていたのに。
—— アルベルト・アインシュタイン

This new power, which has proved itself to be such a terrifying weapon of destruction, is harnessed for the first time for the common good of our community.
—— Elizabeth Ⅱ (Upon opening Calder Hall nuclear power station in 1956.)

この新しい動力は、恐ろしい破壊兵器であると証明されてきましたが、ついに我々の共同体の公益のために、利用されることになりました。
—— 女王エリザベス2世(1956年、コールダー・ホール原子力発電所の稼働に際して。——これは、西側諸国初の原子力発電所として知られる)

「放射線」と「放射能」の違い、分かりますか？

　3・11以降、原発問題を取り上げるNHKのニュース番組を毎日のように観たが、説明のために使われる日本語の"用語"に対する自分の理解が、いかにアバウトなものかつくづく思い知らされた。

　たとえば、それまでは英語でradiationという場合には日本語で「放射線」と言えばいい、という"事実"を疑ったことはなかった。それは、おそらく頻繁に耳にしてきた「放射線治療」は英語ではradiation therapyと言うからだったろう。

　会話でもradiationの話なら躊躇(ちゅうちょ)せずに「放射線」を使っていた。ところが、ニュース番組では明らかに同じradiationという意味で「放射能」という語も時々使われたりしていたので、これまでの"事実"に疑いを抱くようになった。

　調べてみたら、面白いことがいろいろ分かった。基本的には、放射性物質が放射線を出す能力（あるいはその性質や現象）の意味を持つ「放射能」は、通常、英語ではradiationではなくradioactivityと言う。たとえば、「空気中の放射能」なら、atmospheric radioactivityと言うのである。あるいは、ヨウ素（iodine）のように放射能のある元素のことなら、radioactive elementと言う。

　radioactivityがこのように放射線を出す能力を表す

のに対して、内容的に放射線そのものを指している場合には通常radioactivityではなくradiationを使う。たとえば「中国の核実験による放射能の影響」のことは、

　　　the effects of radiation from Chinese nuclear tests

という英語になるのだ。

　が、なるほどやはり調べてみるものだと思いながらも、日本語そのものの使い分けが十分に分かっているわけではない。たとえば、「放射線被害」という言い方を見かけたことがあるが、どうも「放射能被害」と言うほうが圧倒的に多いようである。その理屈は依然として私には分からないが、文脈によってきちんと使い分けられているとは限らないようだ。

「核」と「脱原発問題」

　いずれにしても、英語と日本語の間には使い方のちょっとしたずれが多いので、英語圏の人間が、放射能問題に関する英語を日本語に置き換えるとき、ついつい誤った訳語を作ってしまう可能性が十二分にある。

　たとえば、「原子力発電所」を表す場合は **nuclear** power plant というのが普通だが、英語圏の人間は、「核力発電所」と訳してしまう可能性が意外と高い。他に **nuclear**（核の）がつく英語の和訳では、

　　　nuclear winter＝核の冬

nuclear allergy = 核アレルギー
nuclear-free zone = 非核地帯
nuclear disarmament = 核軍縮
nuclear medicine = 核医学
nuclear family = 核家族

などのように、「原子」ではなく「核」を当てることがかなり多いのである。

 以前、ゼミの学生に「『脱原発』って英語で何と言うんですか?」と訊かれたことがあるが、とっさには答えられなかった。一度も考えたことのなかった問題であった。

 難しかったのは「原発」のほうではなかった。それは nuclear power (generation) でいいはずだ。が、「脱」のほうに対しては適切な英単語が思いつかなかった。自分のよく知っている日本語には、

　脱力感 = feeling of weakness

もあれば、

　脱毛 = hair loss
　脱水 = dehydration
　脱衣 = undressing
　脱サラ = dropping out of corporate life
　脱獄 = prison break

などもあったが、「脱原発」の「脱」に使えそうな英語は思い浮かばなかったのだ。

幸いにゼミ室にパソコンが置いてあったので、その場で調べることができた。英語圏のニュース・サイトで、当時総理大臣だった菅直人の「脱原発発言」を取り上げた記事を見つけ、こうした「脱」の場合には、
　　nuclear power phase-out（段階的廃止）
と言うことが分かった。なるほど、「脱獄」とは違って、「いっぺんに脱する」（break out）ものではなく、「少しずつ脱する」話なので、phase（段階）outがちょうどいいと納得した。

　そういえば、たまたまその前の日に、日本人の政治家による、「脱原発」についての興味深い発言があった。英訳しやすい日本語であり、海外のマスコミで比較的大きく取り上げられていた。自民党の石原伸晃幹事長が、イタリアの国民投票で反原発票が９割を超えたことを「集団ヒステリー状態」と語ったものである。この表現を、
　　a state of mass hysteria
とそのまま直訳しても、日本語の意味が伝わる。原発再開の善し悪しはともかくとして、日本の政治家が記者会見で、それほどまでにイタリア人を侮ってもいいと思っていること自体が、とりわけblogosphere（ブロゴスフィア＝ブログ圏）では、極めて面白い現象として受け取られていたようである。

サダム・フセインが英語に与えた影響

　日本語にしても英語にしても、その他の言語からの比喩的表現となると、前述の「集団ヒステリー状態」（a state of mass hysteria）のように「そのまま直訳しても与える印象が変わらない」というような表現は比較的珍しいようである。

　1991年に、イラクのサダム・フセイン大統領が、湾岸戦争のことを、

　　the **mother** of all battles（すべての戦争の**母**）

と呼んだ、という話が英語圏のマスコミで大きく取り上げられていた。もちろん、この英語は、フセインが実際喋っていたアラビア語からの直訳であり、おそらくアラビア語では、「**とてつもない**」や「**究極の～**」、「**最大の～**」といった意味を表すために、「**すべての～の母**」というようなたとえを使うことはごくふつうなのだろう。

　が、そうした習慣のない英語の感覚では、"the **mother** of all battles"は極めて奇妙な言い方に感じられたのである。

　そこで、"英語圏人"は、

　　the **mother** of all **blizzards**（blizzard＝猛吹雪）
　　the **mother** of all **boring meetings**（boring meeting＝退屈な会議）
　　the **mother** of all **deadbeat dads**（deadbeat

2 「原子力問題」を考察する　27

dad＝親としての責任をひどく怠ける父）
などのように、"the mother of all～"を使って、面白おかしく感じられる言い方をどんどん作るようになった。

　日本語での似たような現象としては、「**絶賛発売中**」や「**絶賛放送中**」などのように、「**絶賛～中**」という言い方がやたらに使われるようになったら、そのうち「私は現在絶賛婚活(はやっ)中！」などのような表現が流行るようになる、という例が挙げられる。

　2017年4月に「アメリカ軍が『**すべての爆弾の母**』をアフガニスタンのISIS拠点に投下」というニュースがあった。この攻撃で使われた、

　　MOAB（Massive Ordnance Air Blast＝大規模爆風爆弾兵器）

という爆弾は、核を除く通常兵器として史上最大の破壊力を持つものなので、すぐに、

　　the mother of all bombs

と呼ばれるようになった。"**the mother of all ～**"という言い方は、現代英語としてそれだけ根強く定着してしまったのである。

the mother of の本来の意味

　しかし、本来の英語では、"**the mother of ～**"（～の母）という表現を比喩的に使うと、「とてつもない」や「究極の～」「最大の～」などの意味ではなく、

Necessity is **the mother of** invention.（必要は発明の母）

のように、「**生み出すもの、本源、源**」の意味で使う。米国最初の植民地だったバージニア州が、

the Mother of States（州の母）

と呼ばれるのも、多くの議会のモデルになった英国議会が、

the Mother of Parliaments（諸議会の母）

と呼ばれるのも、同じ用法なのである。

「生み出すもの、本源、源」と似たような意味を表すために、"**the Father of** 〜"（〜の父）という言い方もあるが、これは、たとえば、古代ギリシアの歴史家ヘロドトスのことを、

the Father of History（歴史の父）

古代ギリシアの医学者ヒポクラテスのことを、

the Father of Medicine（医学の父）

野球の発展に大いに寄与したヘンリー・チャドウィックのことを、

the Father of Baseball（野球の父）

と呼ぶように、具体的な「**創始者**」や「**元祖**」「**考案者**」などを示すために用いられ、「必要は発明の母」に見られるような**抽象性のない**ケースが圧倒的に多い。

なお、英語の擬人化では、**Mother** Nature（母なる自然）のように、"**Mother** 〜"（母なる〜）が用いら

れる表現もある。Mother Earthもその例になるが、これを「母なる**大地**」とする決まりきった和訳は、厳密に言えば、正確ではない。

    The astronauts returned safely to **Mother Earth**.
    (その宇宙飛行士たちは、無事に**母なる地球**に帰った)

のように、ここでのEarthは本当は「**大地**」のことではなく、「**地球**」のことなのだ。ただ、一般的にMother Earthを「母なる**地球**」と和訳するよりも「母なる**大地**」にしたほうが、日本語の響きがいいことは理解できる。

  一方、**Father**の擬人化では、**Father** Time（時の翁＝「時」の擬人化。大鎌と砂時計をもった老人の姿で表現される）が最も有名だろう。また、"Mother 〜"とは違って、擬人化の"Father 〜"は、「〜の翁」と和訳される通り、**老人**のイメージが強い。

  radiation（放射能）の話に戻るが、2016年5月に広島市の平和記念公園で、原爆死没者慰霊碑に献花したオバマ大統領は、演説で、

    Death fell from the sky, and the world was changed.
    (空から死神が舞い降り、世界は一変しました)

と述べたのだが、これを聞いて別の有名な言葉を連想した人が多かったようだ。それは、第二次世界大戦中、ロスアラモス国立研究所所長として原子爆弾の完成を

指導していたロバート・オッペンハイマー（Robert Oppenheimer）が原爆について述べた、次の言葉である。

> We knew the world would not be the same. A few people laughed, a few people cried, most people were silent. I remembered the line from the Hindu scripture, the Bhagavad-Gita. Vishnu ... says, "Now, **I am become Death, the destroyer of worlds.**"
>
> （我々には世界が元には戻らないことが分かりました。我々には、笑った人もいれば、泣いた人もいましたが、ほとんどの人は沈黙のままでした。私は、ヒンドゥー教の詩篇バガヴァッド・ギーターの言葉を思い出しました。ヴィシュヌは……**「我は死なり、世界の破壊者なり」**と言うのです）

のちに原爆開発を深く後悔するようになったオッペンハイマーは、今でも、**the Father of** the Atomic Bomb（原爆の父）と呼ばれているのである。

原発の再稼働問題を考える

「原発の**再稼働**」の「**再稼働**」は、英語ではふつう **restart** と表現する。この語は、名詞だけではなく、動詞としてもそのまま用いられる。たとえば、「2017年5月17日（水）に関西電力が、高浜原子力発電所4

2 「原子力問題」を考察する　31

号機を**再稼働した**」ということについて言う場合、*Japan Times*紙の、

> Kansai Electric Power Co.'s Takahama No. 4 reactor **was restarted** Wednesday....

という英文がその典型になる。あるいは、その**再稼働**の当日、国際環境NGO「グリーンピース」(Greenpeace)のウェブサイトでは、

> Today the Takahama 4 nuclear reactor in Fukui Prefecture **was restarted**, ...

と、同じ表現が使われた。

しかし、その記事の続きを読むと、*Japan Times*紙に見られる述べ方とはだいぶ違う面白い英語表現に出会う。たとえば、*Japan Times*紙の冒頭の文である、

> Kansai Electric Power Co.'s Takahama No. 4 reactor **was restarted** Wednesday just over 14 months after it was forced to shut down, bringing to four the number of reactors currently operating in Japan.
>
> (関西電力の高浜原子力発電所4号機は、強制停止となってから、たった14カ月後の今週水曜日に**再稼働**された。これによって現在日本で稼働中の原発は4基目となった)

に対して、「グリーンピース」の記事は、

> Today the Takahama 4 nuclear reactor in Fukui

Prefecture **was restarted**, despite **significant** unresolved safety issues that place millions at **undue** risk.
（今日、福井県にある高浜原子力発電所4号機が、数百万人の人間を**不当な**危険状態にさらしかねない、安全性に関する**重大で**未解決の問題があるにもかかわらず、**再稼働**された）

となっている。私はここで"**significant** unresolved safety **issues**"をあえて「安全性に関する**重大で**未解決の**問題**」と訳したが、

　　significantは「重大な」→「**意味のある**」
　　issuesは「問題」→「**課題**」

と表現を少々弱くしても差し支えないかもしれない。どちらの方向性で訳すかは「グリーンピース」の意向に対する主観的判断が必要である。

「問題」に当たる英語に関する問題

　issueは、**problem**と同じように、「問題」とよく和訳されるが、この2語は同義ではない。簡単に言えば、**problem**は「**解決**を求める、困ったこと」であるのに対して、**issue**は基本的に「**課**されている話題」に過ぎず、**解決**を求めるものとは限らないのだ。

　たとえば、

　　A: 今夜どうする？　焼肉？　それとも、おでん？

B: 私はどっちでもいいよ。

というような会話での「焼肉にするべきかおでんにするべきか」といった程度の話題はissueであるが、これといったproblemではなさそうだ。

　日本語でも本来は「**課題**」と「**問題**」に関して似たような使い分けが守られていたのかもしれないが、現在「**問題**」はかなり柔軟に使われ、「焼肉かおでんか、それが**問題**だ」と言っても別段おかしくは感じられないようだ。

　また、私が「**不当な危険状態**」と訳した"undue risk"のundueの和訳もなかなか手ごわいものだが、これは表現の強弱の問題ではない。具体的に言うと、**undue**は「**過度だから不当である**」という意味まで表す形容詞なので、「**過度な危険状態**」でも「**不当な危険状態**」でもおかしくないだろう。

　なお、*Japan Times*紙と「グリーンピース」のそれぞれの記事では、大阪高等裁判所についての書き方もだいぶ違っていた。*Japan Times*紙の、

... the Osaka High Court reversed the decision in March this year, saying that the safety standards were not unreasonable.

（大阪高等裁判所は、今年3月に、安全基準は合理性がないわけではないといって、〈大津地方裁判所が、高浜3、4号機の運転の差し止めを求めた

住民の仮処分申請を認めたという〉判断を覆した）に対して、「グリーンピース」のほうは、

> The restart comes after an injunction barring the operation of the Takahama 3 & 4 reactors was overturned by the **notoriously nuclear-friendly** higher court in March 2017.
> （この稼働は、高浜３、４号機の運転差し止めの仮処分が、**原発びいきで悪名高い**〈大阪〉高等裁判所によって2017年３月に覆されたことに続いたものである）

とまで書いてあったのである。

　そういえば、「そんなに安全なら東京に原発を作ればいいのに」という本や映画があったと記憶しているが、同じようなことは、原子力大国ロシアでも言われているようだ。

> I remembered some lines from the papers: our nuclear stations are absolutely safe, we could build one on Red Square, they're safer than samovars. They're like stars and we'll "light" the whole earth with them.
> —— Svetlana Alexievich, *Voices from Chernobyl: The Oral History of a Nuclear Disaster*
> （私は新聞に載っていた記事を覚えている。我々の原発は完全に安全だ。赤の広場にも造れるくらい

だ。サモワ〈※ロシアのお茶用湯沸かし器〉より安全なのだ。原発は星々のようで、我々は地球すべてをそれによって"照らす"のだ。
　——スヴェトラナ・アレクシエーヴィッチ、『チェルノブイリの祈り』)

3 性と愛をめぐる英語表現

I don't mind being burdened with being glamorous and sexual. Beauty and femininity are ageless and can't be contrived, and glamour, although the manufacturers won't like this, cannot be manufactured. Not real glamour; it's based on femininity.
—— Marilyn Monroe

グラマラスでセクシャルであることに煩わされるのは特にかまいません。美と女性らしさに年齢は関係なく、作り出すこともできません。こんなことを言うと製造業の人はイヤでしょうけれど、性的魅力を製造することはできないのです。本物の性的魅力は作り出せないのです。女性らしさに基づいているものなのですから。
—— マリリン・モンロー

A library is a place where you can lose your innocence without losing your virginity.
—— Germaine Greer

図書館とは、処女を失わずして純朴さを失うことができる場所よ。
—— ジャーメイン・グリア

初めての性的ユーモア

　日本語の「性」と同じように、英語のsexという語は「セックス」という意味だけではなく「ジェンダー」という意味を表すこともある。また、この両義でちょっとした言葉の遊びができる。

　私は初めて見たそうした「遊び」をいまだによく覚えている。それは、子どもの頃にたまたま雑誌で見かけた「ユーモア」だった。ある女性が病院で健康診断を受ける前にアンケートに答えていたところ、Sex（性）の欄にFemale（女）と書かず、Frequently（頻繁に）と書いてしまった、という。大して面白くないジョークだが、子どもの私には生まれて初めての「性的ユーモア」だったので、びっくりしたのを覚えている。

　私が通っていた学校は小学校から高校まで、キリスト教プロテスタントの多数派であるルター派教会付属のものであった。思想的に、Sex Education（性教育）などは行わない学校だったのだ。

　思春期を迎える頃には、母が顔を赤らめながら「自分の部屋で読みなさい」と言い、妙な本を私に渡してきた。教会の図書室から貸し出された一冊で、イラストも少なければ、ちゃんとした説明もほとんどなく、疑問の多い私には、少しの参考にもならなかった。

　とはいえ、趣旨はよく分かった。まず、self-abuse（自瀆＝手淫）は、どんなときであってもしてはダメ

だ、という主張がはっきりしていた。あとは、漠然と、sex は男と女が結婚してから子どもを作りたいときに仕方なくやり、それ以外のときにはするものではない、という印象を与える本であった。

　それ以降の私の Sex Education は、男子のクラスメートや先輩から受けた間違いだらけの情報による「教育」だった。こうして振り返ってみると、よくもノーマルな人間に育ったものだと思う。

気持ちの悪い I love you.

　しかし、sex 自体はともかくとして、男と女の関係、とりわけ恋愛関係はどうあるべきかについては、テレビや音楽、映画からしっかり教わってきた。9歳のときに、フランク・シナトラがテレビ番組で初公開した曲 "Love and Marriage"（「恋と結婚」／作詞：サミー・カーン〈Sammy Cahn〉、作曲：ジェームズ・ヴァン・ヒューゼン〈James Van Heusen〉／1955年）がその典型になる。冒頭の歌詞は、

　　Love and marriage.（恋と結婚）
　　Love and marriage.（恋と結婚）
　　They go together like a horse and carriage.
　　（それは馬と馬車のように繋がっているものだ）

である。歌詞だけではなく、音楽的にも極めてつまらない歌だが、大ヒットしてエミー賞まで受賞した。

3　性と愛をめぐる英語表現　　39

1950年代アメリカの白人社会とはだいたいこういうものだったのだ。

ここでloveを「恋」と躊躇せずに訳したのだが、同じloveとはいっても、たとえばromantic love（恋愛）やlove for a dog（犬に対する愛情）など、様々な気持ちを表すことがあるし、英語圏では家族同士の会話でも "I love you." と言ったりする人も多いので、日本語に訳しにくいケースが少なくない。

映画やドラマでは、兄弟同士でも "I love you." を使う場面がよく見られる。具体的には、精神的に悩んでいる弟に兄が「お前にはおれがついている」と言って安心させるような場面が想定される。

 It'll be all right, Danny. Don't forget——I love you.
 （大丈夫だよ、ダニー。忘れないでね—— **I love you**）

というようなセリフがその典型になる。こうした場面では、日本語の字幕でも吹き替えでも "**I love you.**" の部分を「**愛しているよ**」というふうに直訳することが多いようだ。しかし、これでは、気持ち悪い場面になってしまいかねない。ただ、そうは言っても自分ならどう訳すかと訊かれたら困ってしまう可能性が高い。

もし、たとえば、似たような場面で、父が娘に、
 Don't cry like that. Daddy **loves you**, Jenny.
というセリフであれば、私は、おそらく「そんなに泣

くな。パパはジェニーのことを**心から大切に思ってる
よ**」などのように訳すことしか思いつかないだろう。

loverは恋人ではない?
「恋」のほうのloveの話なら、日本語には語彙が豊
かにあり、和訳は一般的にやりやすい。昔、来日して
初めて日本人同士の会話を耳にした頃、毎日が刺激的
だった。それまではあまり考えたことのない日本語の
使い方、たとえば、「愛人」と「恋人」や、「愛してい
る」と「好きだ」、あるいは、似たような英語に訳さ
れがちな「浮気」と「不倫」などのような言い方の使
い分けと語感の違いを知り、非常に面白く思ったのだ
(日本人にとっては当たり前なことにすぎず、別段面
白くも何ともない話だろうが)。

ところで、大学のゼミの女子学生が私に、自分の彼
氏のことについて何かを述べるときには、「私の彼氏」
という言い方をする者もいれば、「はい、私のボーイ
フレンドも……」などのように「ボーイフレンド」を
使う者もいる。もちろん「付き合っている人」など、
ほかの言い方も多いが、最近では「私の恋人も……」
と言う女子学生もいて、なぜか、とても新鮮に感じた。

逆に、英作文の授業では、loverという語によく出会
う。「僕の彼女」や、「私の彼氏」の英訳のつもりなの
だろうが、loverだと、不倫っぽい語感が強く、「恋人」

という日本語よりも、性的関係であることをわざわざ強調している印象を与えてしまうので、boyfriendやgirlfriendに書き直すよう注意する。たとえば、

On Saturday, I went to Disneyland with my **lover**.
（土曜日に、私は**情人**と一緒にディズニーランドに行きました）

という例が挙げられる。私はこれを当然、"with my **boyfriend**"（**彼氏**と一緒に）のように書き換えるようアドバイスするのである。

ジャズ・スタンダードで学ぶ恋

「恋」のほうのloveについての私の"教育"は、主にジャズのスタンダード曲から受けた部分が大きい。性と愛をよくテーマにするその歌詞には、つまらないポップスの"Love and Marriage"とはだいぶ違って、現実的なアドバイスが豊富にあるのだ。また、実に巧くできている表現も多いので、言葉の勉強にもなる。

ジャズのスタンダード曲を作った優れた作詞家は多いが、中でも、特にロレンツ・ハート（Lorenz Hart）の歌詞が繊細で魅力的だ。

ユダヤ系のハートは、背がわずか150センチしかない小柄な男であり、有名人でありながらも、なかなか恋にはめぐまれなかった。また、彼が生きていたアメリカでは、時代が時代だけに、自分がゲイであること

を隠すしかなかった。

　傷だらけの心のせいか、彼はアルコール依存症になり、48歳で亡くなったのだが、その繊細な感性から生まれた歌詞は、現在でも大いに評価されており、多くのジャズ・ヴォーカリストが依然としてよく取り上げている。

　ハートがブロードウェイ・ミュージカル『パル・ジョイ』(*Pal Joey*; 1940年)のために作詞した曲 "Bewitched, Bothered and Bewildered"（「魅惑され、困惑させられ、当惑している」／作曲：リチャード・ロジャース〈Richard Rodgers〉）の歌詞が彼の才能をよく表している。「恋」を十分に知ってきた、成熟した大人のつもりだった女性が、本気で、ある人を愛してしまい、完全に自分を見失っている、という内容の歌である。ハートは**押韻**（下線で強調）を上手に使って、その状態を、

　　I'm **wild** again, be**guiled** again, a **simpering**, **whimpering child** again.

　　（私は、また感情的になり、魅せられて、媚びるように、べそをかくような子どもに戻ってしまっている）

のように描き出す。

　ところで、この歌には、ニューヨークが舞台なら許されるが、一般向けのレコードだと性的な含みが強すぎると思われた次のワンセンテンスがある。

3　性と愛をめぐる英語表現

Couldn't sleep and **wouldn't** sleep until I could sleep where I **shouldn't** sleep.

（私は、眠れず、寝ようとも思わなかった——寝てはいけないところで寝られるようになるまでは）

　表現が間接的であっても明らかに、本当は一緒に寝てはいけない「あの人」と性的に結ばれるまでは落ち着いていられなかった「私」の話である。これは、当時のアメリカの感覚ではかなり大胆な言い方であり、代替の歌詞で歌うことが一般的になった。残念ながら、その多くの場合は、巧みな**押韻**だけ残し、元の英語をごまかして、

Couldn't sleep and **wouldn't** sleep when love came and told me I **shouldn't** sleep.

（眠ってはいけないと愛に言われて、私は眠れず、寝ようとも思わなかった）

のように、わけのわからない歌詞に変えられてしまったのである。

　『パル・ジョイ』のためにハートが作ったもう一曲、"It Never Entered My Mind"（「〈まさかそんなことがあろうとは〉思いもしなかった」／作曲：リチャード・ロジャース）の歌詞も初めて聞いた子どもの頃からずっと印象に残っている。歌は、付き合っている男性に「俺と別れたら後悔するぞ」と忠告された女性の話である。

実際にその忠告にそむいたら、彼の言った通りになってしまった彼女は、歌の冒頭でこう歌う。

> Once I laughed when I heard you **saying** that I'd be **playing** soli**taire**, uneasy in my easy **chair**. It never entered my mind.

（かつて、あなたの言った言葉を聞いて笑ったことがある——私が将来、安楽椅子に腰かけ、不安な気持ちでカード・ゲームの一人遊びをするようになってしまうって。まさかそんなことがあろうとは思いもしなかった）

ここでは、とりわけ、**不安感や精神的に楽ではない心境**を示す"**uneasy**"と**安楽**椅子を意味する"**easy** chair"の組み合わせが巧い、と子ども心にも感じられた。

コール・ポーターの巧みな押韻

ロレンツ・ハートは、洗練された歌詞の黄金時代であった1920～30年代に活躍していたが、同じ時代の、もう一人の優れた作詞家として、コール・ポーター（Cole Porter）が挙げられる。珍しいことに、ポーターは作詞ばかりでなく作曲もしていた。

彼が1934年に作ったミュージカル『エニシング・ゴーズ』（*Anything Goes*）は、現在に至るまで必ず世界のどこかでリバイバルが行われているほど人気の作品である。第一次世界大戦後の自由で退廃的な時代の

社会を風刺した表題曲の"Anything Goes"(「何をしてもいい」)には、下記の歌詞がある。

> When grandmamma whose age is **eighty** in night clubs is getting **matey** with gigo**los**, anything **goes**.
> (80歳にもなっているおばあちゃんが、ナイトクラブでジゴロと親しく付き合ったりするようになったら、もう何をしてもいい〈時代だ〉)
> When mothers pack and leave poor **father** because they decide they'd **rather** be tennis **pros**, anything **goes**.
> (〈今日の社会の〉お母さんたちが〈家庭の母親の仕事よりも〉テニスのプロになるほうが面白そうだと思って、荷造りし、可哀そうなお父さんを捨て〈て、家を出〉たりするようにまでなったら、もう何をしてもいい〈時代だ〉)

ここに見られる"When ...."(=の段階まで来たら)の使い方は、独特でありながらも、決して珍しくはない。たとえば、

> **When** someone like Trump can actually become President, anything can happen.
> (トランプのような人間が実際に大統領になれるようになったら、もう何が起こってもおかしくない)

というような言い方がふつうである。

　なお、上記の歌詞に見られるポーターの**押韻**も見事だ。とりわけ、**eighty**（80歳）と "mate"（仲間、友達）の形容詞化である **matey**（親しい、人付き合いのよい、仲良しの、心安い）との**押韻**がほほえましい。

「人」を表す love

「泥棒」という日本語は「他人の物を盗むこと。また、**その人**」と定義されるが、似たような現象で、**love** という英語は、「愛」や「恋」以外に「**恋人、好きな人**」という意味で使われることも実に多い。

　たとえば、淋しがっている女性が、高い空を飛んでいて地面にあるものがすべて見えるはずの雲雀（ひばり）に向けて歌う美しいスタンダード曲 "Skylark"（「ヒバリ」／作詞：ジョニー・マーサー〈Johnny Mercer〉、作曲：ホーギー・カーマイケル〈Hoagy Carmichael〉／1941年）の冒頭の歌詞にそうした使い方がある。

　　Skylark, have you anything to say to **me**? Won't you tell me where my **love** may **be**? Is there a meadow in the **mist**—where he's just waiting to be **kissed**?
　　（雲雀よ、私に何か言うことはない？　私の**好きな人**がどこにいるか？　霧に包まれた草地は見えない？——そこで彼は私にキスされるのを待って

くれているの)

　そもそも西洋では、空中高く舞い上がってさえずる雲雀にはロマンチックなイメージが強く、飛んでいる姿を見かけ、きれいな鳴き声が聞こえてくると、何となく誰かを恋い慕うような気持ちになりやすい。この歌詞では、自分にも**好きな人**がいればいいな、どこかにいるかもしれない、と「彼女」の空想している場面が描き出されているのである。

　私は以前、大学で「ジャズ・スタンダードとソウル・ミュージックの歌詞」というゼミ形式の授業を受け持っていたが、なぜか「**恋人、好きな人**」という意味で使われたloveが歌詞に登場するたびに、ほとんどの学生はそれを条件反射的に「**愛**」と和訳する。

　たとえば、デューク・エリントン（Duke Ellington）作曲の"(In My) Solitude"というスタンダード曲の歌詞（作詞：エディ・ディレインジ〈Eddie DeLange〉&アーヴィング・ミルズ〈Irving Mills〉）に見られる、

　　In my solitude, I'm praying: Dear Lord above, send back my **love**.
　　（私は孤独の中、「神よ、どうか私の**好きな人**が戻ってきてくれるように」と祈っている）

のように、内容からloveという語が明らかに**人間**を指し示している場合であっても、学生は「孤独の中で私は『神よ、私の愛を返してください』と祈ってい

る」のように、そうしたloveを「**愛**」か「**恋**」に訳してしまうのがふつうだ。

　もしかすると、何年間も受験勉強をやってきたことによって「最も"直訳"に見える語彙を選んだほうが無難であり、減点になる可能性が低い」という「常識」が学生の体に染み付いているのかもしれない。

ロバート・バーンズの名詩

　しかし、それはそれとして、「**恋人**」や「**好きな人**」という意味のloveと言えば、英語圏で一番有名な例は、おそらく"A Red, Red Rose"の冒頭部分だ。スコットランドの「最も国民的な詩人」とされるロバート・バーンズ（Robert Burns［1759〜1796］）が作詞したもので、通常「我が**恋人**は紅き薔薇」と訳される。

　O my **Luve**'s like a red, red rose ／ That's newly sprung in June；／ O my **Luve**'s like the melodie ／ That's sweetly play'd in tune.

　（我が**恋人**は紅き薔薇、／六月新たに咲き出でし。／我が**恋人**は佳き調べ、／調子に合せ妙えに奏でし。）

　（『バーンズ詩集』／中村為治・訳／岩波文庫／旧漢字・旧仮名づかいを現代表記に改編）

　全編にわたってスコットランド方言で書かれているこの詩に見られる"my **Luve**"（=my love）の表記は、バーンズ独特のものである。

なお、日本では「蛍の光」の原曲として知られているスコットランド民謡の"Auld Lang Syne"(「オールド・ラング・ザイン」)のスコットランド方言の歌詞もバーンズの作品だ。

　ちなみに、インターネットで調べてみると、「我が**恋人**は紅き薔薇」の様々な「代替訳」を見つけることができる。中には、たとえば、

　　（意訳）
　　ああ、わたしの**愛**は赤い、赤い薔薇のように
　　六月に咲き誇る
　　ああ、わたしの**愛**はメロディのように
　　調和を以ってやさしく奏でる

のように、不思議なものも登場して、面白い。

4 英語に見る「老人力」への意識

Life would be infinitely happier if we could only be born at the age of eighty and gradually approach eighteen.
　—— Mark Twain

80歳で生まれて、少しずつ18歳に向かっていくのなら、人生は限りなく幸せなものになるだろう。
　—— マーク・トウェイン

If I had known I was going to live this long, I would have taken better care of myself.
　—— Mae West

もしこんなに長く生きるのが分かっていたなら、もっと体に気をつけていたのに。
　—— メイ・ウェスト

The young have aspirations that never come to pass, the old have reminiscences of what never happened.
　—— Saki, *Reginald*

若者には、絶対に実現しない大望があり、老人には、決して起こらなかったことについての記憶がある。
　—— サキ『レジナルド』

英語で「力」をどう表すか？

　1990年代の後半に日本では、「老人力」という言葉が大流行だった。これは、「物忘れ」「体力の衰え」など、老人に必然的に起きうる老化現象を、肯定的に捉えようとする、ユーモラスなスローガン的表現だった。ちょっとばかり皮肉が込められていたという意味では、2000年代に流行った「鈍感力」も同じようなものかもしれない。

　もちろん、英語には、このような「**老人力**」にちょうど当てはまる名詞はない。それでは、「年を取ることによってもちうる能力や影響力」という意味での「老人力」だったら、英語でどう表現するだろうか？「老人の力」で和英辞典を引くと、gray powerという単語が見えるが、この言い方は、1970年代から、**black power**（ブラックパワー：アメリカの黒人の組織化された政治・経済力、とりわけそれを駆使して人種的平等を目指す運動）にちなんで使われるようになったものだ。しかしその意味は、あくまでも高齢者が集合的にもつ「政治力・経済力」に限られる。

　gray powerは、個人の力、たとえば「クリント・イーストウッドの卓越した老人力」などのような意味では使われない（ちなみに、英語では「白髪」のことをwhite hairではなくgray hairと言うのが普通であり、silver hair＝銀髪と言うと、いささか文学的な表

現になる)。

　日本語は便利なことに、たとえば「今こそ日本人のオタク力を宇宙開発力へ!」などのように、何でも「力」という字をつければ、ある種の「用語」が出来上がる。

英語の -ism を考える

　英語にはそういった便利さはないが、似たような現象で、何でも「-ism」をつける傾向がある。多くの場合、これは「〜主義」ではなく、「〜に対する**差別**」のことを示す表現になる。ただ、そのように単純に作られた"新語"がふつうに使われるようになるかどうかは、一般社会における問題意識によるのである。

　たとえば、racism（人種差別）と sexism（性差別）は、1930年代にはすでにそういう意味で使われるようになっていたのだが、「年齢層差別、特に老齢者層差別」を意味する ageism は1968年に作られ、1970年代に入ってから徐々に広がっていった。

　ageism を作りだした人物は、老年学を専門としたアメリカの名医ロバート・バトラー（Robert Butler）である。バトラー博士は2010年に白血病の合併症によって83歳で亡くなったとき、自身が1990年に創設したNPOである International Longevity Center-USA（国際長寿センター・アメリカ）の理事長・最高責任者を

務めており、アメリカにおける「老人力をもつ人」の良い見本であった。

彼が初めて書いた本、1975年の *Why Survive? Being Old in America*（何のために生き永らえるのか―アメリカ老後の現実／邦題『老後はなぜ悲劇なのか?―アメリカの老人たちの生活』）は、ピューリッツァー賞を受賞し、いまだによく読まれるロングセラーになっている。

この本は、医学の発達によって長生きするアメリカ人がかなり増えているのに、老後のquality of life（生活の質）は悪化する一方であるという問題に対する意識を一般アメリカ人にまで広げた一冊である。また、バトラー博士が最後まで送っていた有意義な人生そのものも、高齢者が社会に貢献することによって、quality of lifeがどれだけ高まるのかという課題について大きなインスピレーションを与えてくれる。

高齢者への蔑称から学ぶ教訓

彼がageismという語を作りだす前の時代を振り返ってみると、確かに高齢者に対する蔑称が頻出していた。年配の男性についてならold fogey（時代遅れの頑固な老男）、年配の女性についてならold biddy（がみがみ老女）などと言ったりするのがけっこうふつうだったのだ。

私も、子どもの頃、そうした言い方をした覚えがある。とりわけ、10歳の時分に起こった「ハプニング」が鮮明に記憶に残っている。これは、私のアメリカの親戚が集まると、必ずと言っていいほどよく出てくる話題である。

　ある日、私が父方の伯父の家を訪ねると、10人ほど親戚が集まっていたが、そこに、Jumbo（ジャンボ）というあだ名の、憧れの従兄(いとこ)も現れた（彼は生まれたときあまりにも小さかったから「ジャンボ」と呼ばれるようになってしまった。これはアメリカ人の典型的なユーモアである）。

　ジャンボは当時17歳で、自分ひとりでカスタマイズした、かっこいいホットロッドの車をもっていたのだが、彼がその日部屋に入ってくると、私はすぐに、

　　I saw your car when I was coming over here, and some old geezer was driving it!

　　（僕、こっちに向かっている途中で、ジャンボの車を見かけたけど、誰かヘンなじじぃが運転してたよ）

と言った。これを聞いたジャンボは笑いながら、

　　That was Grampa.

　　（あれはおじいちゃんだったんだぜ）

と返したのだ。

　彼の話では、ちょうどこの家を訪れていた72歳の祖

4　英語に見る「老人力」への意識　　55

父もジャンボの車がかっこいいと思い、自分でも一度思い切り走らせてみたいと、半日だけ貸してもらっていたそうだ。私はたまたま彼がスピードを出しているところを見かけたのだが、いささか距離があったため、白髪の運転手が祖父だとは分からなかったのである。

いずれにしても、"some old geezer" と呼んだ人が、自分の大好きな祖父だったということが分かった瞬間、私は赤面し、目には涙が浮かんできた。すると、大人たちから爆笑が起こったので、私は部屋を逃げ出した、というのがこのファミリー・ストーリーの顛末である。「老人」と「力」を組み合わせて言葉を作るという発想さえまだない時代だったが、振り返ってみると、祖父にも「老人力」がけっこうあったかもしれないと思う。また、そのときに恥をかいたことが、ageism という語がない時代でも、私には良い教訓になったのだ。

老人を表す様々な英語

2016年6月から、私は務めていた大学の保険証だけではなく「**高齢**受給者証」も病院などで出さなければならないようになった。それを人事部から交付されるまでは、そんな「証」の存在さえ知らなかったが、実物を見たときに、自分がいかに**高齢**になったかをはっきりと実感することになった。

「老人」のこと表すために用いられる日本語として

「高齢者」や「年寄」「年老い」「高年者」「年配の人」などはよく耳にする。他にも「故老」や「年老(ねんろう)」など、数多くの類語があるらしいが、残念ながら聞いた覚えがほとんどなく、それぞれの語感も把握していない。当然のことながら、日本語と同様、私くらいの年齢であることを示す英語も多くあり、それぞれのフィーリングも違う。

たとえば、「**老人**」という日本語をan **old** personと直訳してもいいが、an **elderly** personにしたほうが優しい語感になる。また、「**老輩**」のように**複数**の人を指し示す総称として、**elderly people**と言ってもいいが、**the elderly**のほうが簡潔ですっきりする言い方である。

なお、前述のold geezer (ヘンなじじぃ) も **old fogey** も年寄りの**男性**にしか使わないが、**old geezer**とは違って、**old fogey**には、変わり者のイメージはなく、ただ単に「時代遅れの保守的なじじぃ」といった感じの呼び方だ。

一方、年寄りの女性に対する蔑称としてold **witch** や old **hag**、old **crone**、old **shrew**などのひどい言い方も大昔からよく使われている。old **witch**はその言葉の通り「**老魔女**」のイメージが強く、old **hag** と old **crone**は「**醜い老婆**」といった感じの言葉だ。

この三つに対してold **shrew**のほうは、見た目はとも

かく、動物のshrew（トガリネズミ）のように「**攻撃的**」というイメージが強い。また、**old抜きのshrew**だけなら、**年寄りでない女性**に対しても用いられ、「**口やかましい女、気の荒い女、じゃじゃ馬**」という意味になる。シェークスピア（Shakespeare）作の喜劇『じゃじゃ馬馴らし』の原題は *The Taming of the Shrew* なのである。

婉曲的でも受け入れがたい「老い」

英語圏でageismを気にする人たちは、こうした**蔑称**ばかりでなく、**senior citizen**や**golden-ager**などのような**婉曲的**な表現も非難する。その理由は、年配であることは基本的に恥ずかしい気分を起こさせるので、率直に言うと悪いことであるという暗黙の前提があるからだ。

なお、日本では**身内でもない**老人のことを「**おばあちゃん**」「**おじいちゃん**」と呼ぶことがあるが、これは英語ではなかなか真似できない。こういう日本語を聞いたら、「ageismを気にする英語圏人」は、人生経験豊富な大人を「子ども扱い」する呼び方はやめるべき、と非難するかもしれない。

また、人間自身ではなく、「老年期」や「晩年」「老後」「老境」などのように「一生の終わりの時期」を指し示す英語もたくさんあるが、これにも**婉曲的**な表

現が少なくない。私が大学を定年退職になったときに、
　　May you enjoy your **golden years**.
　（**黄金**〈のように永遠に輝く〉**年月**を楽しむように）
という、励ましのつもりで書かれたらしいメッセージをもらったことがあるが、あまりそういう気にはなれなかった。

　また、「老年期」を季節にたとえたら、どう考えても「人生の冬」となるのに、"in the **autumn** of life"（人生の**秋季**に）のように言うこともよくある。

　逆に、率直な英語表現の例として、
　　He's a man of **advanced years**.
　（**年を重ねた男**です）
の advanced years という言い方が挙げられる。ここでの advanced は「（年が）だいぶ進んできた」という意味を表している。同じ「**加齢**」を表すために **advancing years** という表現を使う人も多いが、過去分詞の advanced とは違って、現在分詞の **advancing**（どんどん進んでいく）は「**加齢**」というより、「年寄りに**なろうとしている**」状態を示す。

　なお、advanced years よりさらに率直に言うなら、
　　I'm afraid she's now in her **declining years**.
　（残念ながら、彼女はもう老境に入っている）
というような文に見られる declining years という表現を使えばいい。ここでの **declining** は、「（体力も精

神力も）衰えつつある」を表す語である。あるいは、似たような言い方で、

  I'm afraid she's now in her **dotage**.
  (残念ながら、彼女はもう老いぼれている)

のように、**dotage**という語もあるが、これだと、「**ボケ老人の二度童(わらし)**」といったニュアンスが強い。

 最後に、「人生のたそがれ」のようによく訳される**twilight years**という英語についても考えてみよう。**twilight**は、本当は「たそがれ」よりイメージが明るくポジティヴなので、相手を気遣うつもりで、

  You're in your **twilight years** now.

のように使う人が多い。私は、自分の年を忘れたくても毎日のように改めて思い知らされてしまう一人の人間として、上述の表現のどれで呼ばれても特にかまわないが、このように言われるのはまだ早すぎる、という気持ちも確かにある。

5 英語に訳せない小津映画の巧妙なセリフ

I think cinema, movies, and magic have always been closely associated. The very earliest people who made film were magicians.
—— Francis Ford Coppola

シネマ、ムービーズ、そしてマジックは密接に関係していると思う。ごく初期に映画を作った人はマジシャンだったんだ。
—— フランシス・フォード・コッポラ

Cinema is a matter of what's in the frame and what's out.
—— Martin Scorsese

シネマとは、何がフレームに入っているのか、何が外にあるのか、という問題だ。
—— マーティン・スコセッシ

俺は豆腐屋だ。がんもどきや油揚げは創るが、西洋料理はつくらないよ。
—— 小津安二郎

I'm a tofu maker. I make tofu-vegetable fritters and deep-fried tofu, but I don't make western fare.
—— Ozu Yasujirō

『秋刀魚の味』の巧妙なセリフ

「昭和時代」が終わろうとしているときに来日した私にとって、その前の五十数年間がやはり最も興味深い「昭和」である。私には映画や写真集、歴史書などで覗いてみるしかない日本だが、やはり、直接見たことがないからこそ面白いのかもしれない。

これまで観てきた数多くの「昭和映画」の中でも、小津安二郎監督の作品が特に貴重な「資料」であると思う。何といっても、台本が巧妙に練られており、"永遠の日本語学習者"の私にとって、愉しい日本語表現が満載なのである。

たとえば、小津の最後の映画、昭和37（1962）年のカラー作品『秋刀魚の味』では、24歳の娘・路子（岩下志麻）をもつ主人公・平山（笠智衆）が、旧制中学校の同級生だった河合（中村伸郎）に娘の縁談を持ち込まれる場面で次のセリフが出てくる。

　　河合「アア、お前ンとこの路子ちゃん、いくつになったんだっけ」
　　平山「ナンだい、四だよ」
　　河合「いい奴があるんだけどね、やらないか」
　　平山「何？」
　　河合「縁談だよ。実は女房の奴が聞いてきてね、大へん乗ってるんだ。医科を出た奴でね、いまは大学に残って助手してるんだそうだ。二十九って

映画『秋刀魚の味』 岩下志麻演じる路子(左)と笠智衆演じる父の平山。
監督／小津安二郎(1962年) 写真提供／松竹

云ってたっけかな。確か、そうだ。──どうだい」
平山「ウーム、縁談か……」
河合「あるのかい話、ほかに」
平山「いや、ない。そりゃァないんだがね、まだそんなこと考えてないんだ」
河合「考えてないってお前……」
平山「いや、あいつだってまだそんな気はないよ。まだ子供だよ。まるで色気がないし……」
河合「いやァ、あるよ。充分ありますよ。あるんだ」
平山「そうかなァ、あるかな」

河合「ある、ある。まァやってごらんよ、結構やりますよ」
　　　（『小津安二郎作品集』／立風書房より）
　まず、会話のリズムが面白い（笠智衆が「そりゃァないんだがね」と言うときの独特な間の置き方が想像できるだろう）。また、他の小津作品にも頻出する特徴だが、たとえば、河合の「いやァ、**あるよ。充分ありますよ。あるんだ**」のように、同じ動詞を２、３回くらい繰り返しながら、「である調」と「ですます調」の両方とも一緒に使うセリフが多い。
　こうした日本語のレトリックは、なかなか英語では真似できず、あえて英訳してみるのなら、たとえば、
　　　No, she's got it. She has plenty of it. She's got it for sure.
のように、「ある」を"…'s got"（=has got）にし、「あります」をhasにする、という感じで工夫してやってみるしかないのだ。

「色気」をめぐる誤訳

　ちなみに、英語字幕では、「いや、あいつだってまだそんな気はないよ。まだ子供だよ。まるで**色気**がないし」は、
　　　No, it's much too soon. She's a mere child… not yet **ripe**.

（いや、全然早過ぎるよ。まだほんの子供だ。ま
　　　だ**食べごろ**じゃないもん）

となっており、「いやァ、あるよ。充分ありますよ。あるんだ」は、

　　　Oh, yes, she is. **Ripe** enough as she is.
　　　（いやァ、彼女は**食べごろ**だとも。充分**食べごろ**
　　　だよ）

となってしまっている。

　このripeは、基本的には「実入り」や「完熟している」という意味で、「多汁」や「多肉」あるいは「うまみがある」という連想から、若い娘に対して使うと、当然「肉感的」というニュアンスが強い。つまり、ripeを使うと、別の物語になってしまうのである。おそらく、訳者は「色気」という日本語を見て「異性に対する**関心**」という意味ではなく、なぜか「異性の気を引く**性的魅力**」というもうひとつの「**色気**」の意味と勘違いしたのだろう。ここでの「**色気**」は "an interest in men" と訳せばいい。

　この部分を40代の日本人数人に見せたところ、この色気を「性的魅力」と解釈する者が多かった。「色気より食い気」という表現が廃れつつある今、それもしょうがないことなのかもしれないが、なくなってほしくない日本語のひとつだ。

深い味のある「いい塩梅に」

 小津映画では自分でも使ってみたくなる表現に数多く出会ってきた。代表的な例として、作品に頻出する「**いい塩梅に**」が挙げられる。この表現を現在もふつうに使う日本人は少なくないかもしれないが、私自身、東京での日常生活ではほとんど耳にした覚えがない。

 初めてこの日本語に出会ったのは、小津の『東京物語』(1953年) を観たときである。冒頭の場面で、尾道から旅に出る老夫婦の家に挨拶しに来た「隣家の細君」(高橋豊子) が「**ええ塩梅にお天気も良うて**」というセリフだった。この映画ではその後も何回か出てくる表現だが、たとえば、東京に住んでいる長男、幸一 (山村聰) の家に老夫婦が着いたときの場面で、主人公の平山とみ (東山千栄子) がそれを次のように使う。

　　幸一「お母さん、疲れたでしょう。汽車ンなか寝られましたか」

　　とみ「へえ、**ええあんばいに**――」

 残念ながら、こうした表現と同じ語感を覚える英語はないので、英訳の場合、「幸運にも」という意味を表す luckily や fortunately や thankfully のような言い方にするしかない。英語字幕では、「**ええ塩梅にお天気も良うて**」は、

　　And what beautiful weather.

に、「へえ、ええあんばいに──」は、

Very well.

となっており、いずれの場合も訳にはなっていない。

　せっかく深い味のある表現なのに消えつつあって惜しいじゃないか、というのが私の正直な気持ちだが、これは日本語を母語としない人間のみの反応かもしれない。

不定冠詞aがもつ論理

　当然のことながら、逆のケースもよくある。つまり、日本語ではなかなか同じ語感が伝わらない英語表現も珍しくないのだ。たとえば、優れた会話劇映画を数多く撮っていた名監督ロバート・アルトマンの1992年の作品 *The Player*（『ザ・プレイヤー』）には、そうした英語表現が満載である。

　表現の種類はいくつもあるが、まず「英語の**冠詞**が出す意味を日本語では簡潔に表せない場合」を考えてみよう。*The Player*の冒頭に、舞台となる映画スタジオにかかってきた電話に出た受付のサンディという女性が、それを切ってからすぐ社長秘書に"... who was that?"（誰だったの？）と相手の名前を訊かれるシーンがある。

　　SANDY: Joel Levison's office. No, I'm sorry. He's not in yet. May I take a message? Yes, Mr. Levy,

I'll tell him you called.
(サンディ:ジョエル・レビソンのオフィスです。いえ、すみません。彼はまだ出社していません。伝言を承りますか? 分かりました、リービィさん、電話があったとお伝えします)
CELIA: Sandy, never say that. He's either in conference, in a meeting. He's always in. Now, who was that?
(シリア:サンディ、そんなことを言っちゃダメよ。ボスは、会議か打ち合わせをしていることになっているの。いつも仕事中なのよ。ところで、誰からの電話だったの?)
SANDY: A Larry Levy?
(サンディ:ラリー・リービィという方でしたが)

このように彼女は"**A** Larry Levy?"と、不定冠詞の**a**をその名前に付けて答える。私がもっているDVD版では、ここでの日本語字幕は「ラリー・リービィ」となっているが、訳すなら「ラリー・リービィ**という人**」にしたほうが正確な表現になる。簡単に言えば、不定冠詞の**a**が名前の前にあることによって「私は聞いたことのない人だけど、ラリー・リービィという名前だった」という意味が表されるのだ。

なお、"**A Larry Levy?**"のように**疑問符**が付けられているのは、彼女のその語尾で上がるイントネーショ

ンを表すためである。簡単に言えば「ラリー・リービィと名乗った人ですが、知っていますか?」と訊いているようなセリフでもあるのだ。

これは英語の単なる「決まりきった言い方」だと考えても特に差し支えないであろうが、その論理を強いて説明すれば「世の中にはLarry Levyという名前の人間は複数いるだろうが、今の電話はその**複数の中の一人からだった**」という不定冠詞の**a**の本来の働きを示しているのである。

強調の定冠詞 the

この場面の数分後に、人名の前に**定冠詞のthe**があるセリフも出てくる。初めてスタジオを訪ねた男が、新米の女優に、

  Say, do you know where Joel Levison's office is?
  (ところで、ジョエル・レビソンの部屋がどこにあるか分かります?)

と訊くと、彼女はびっくりして、

  The Mr. Levison, the head of the studio?
  (スタジオ社長の、**かの**〈有名な〉レビソンさん?)

と彼に確認を求める。

「あの唯一の」と強調するこうした***the***は、古い英語のthee(thouの目的格、汝(なんじ))と同じように、[ðíː]と発音され、たとえば、

Her name is Kitagawa Keiko, but she's not ***the*** Kitagawa Keiko.

　　（彼女の名前は北川景子ですが、**あの〈有名な〉**北川景子ではありません）

のように頻繁に用いられる言い方である、なお、この例文を、

　　She is ***a*** Kitagawa Keiko, not ***the*** Kitagawa Keiko.

と、不定冠詞の ***a*** を使って言い換えても意味が変わらない。また、このように「**複数の中の一人［一つ］に過ぎない**」と強調するこうした a の発音は、通常の [ə] ではなく、アルファベットを「A, B, C」と順番読むときの「**A**」と同じ [éi] である。

アイロニーと反語的表現

　英文と英会話のいずれにも見られる **irony**（**アイロニー、皮肉、反語**）というレトリックも、簡潔かつ自然な言い方の日本語表現には置き換えにくいケースが少なくない。たとえば、次の対話を考えてみよう。

　　JUSTIN: They say we'll all have to work overtime again tonight.
　　（ジャスティン：今日もみんな残業だって）
　　FREDDY: That's just **lovely**!
　　（フレディー：困ったな！）

ここでのフレディーの"That's just **lovely**!"は、直訳すれば「それはまったく**素晴らしいことだ**!」となるが、言うまでもなく、これは英語に頻出する**反語的表現**の例であり、**強調のために使われる**言い方だ。

日本語でも、たとえば、**ひどく寝坊した夫**に、妻が「**ずいぶん早起きですね**」と言うように、強調のために反語的表現を使うことも十分にあるだろう。もし英語で同じように皮肉るなら、

"**Quite the early riser**, aren't you?"

のように言う。

なお、日本語の「**ずいぶん早起きですね**」と英語の"**Quite the early riser**, aren't you?"のいずれにも、上述の"That's just **lovely**!"にはない相手に対する「嫌味っぽい」含意があるが、英語で幅広く用いられる様々な反語的表現には、たとえば、ワインをグラスに注ごうとしてテーブルクロスにたくさんこぼしてしまった人が、

I'm so **dexterous**!

（直訳：僕はなんて**器用な人間だ**!）

と言って自分の**不器用**を認めるように、ユーモアあふれる**嫌味のない反語的表現**も実によくある。多くの場合、直訳すると不自然に感じられる日本語になってしまうのである。

なお、嫌味たっぷりの皮肉の場合でも、日本語に訳

すのが少し難しいケースもあるようだ。たとえば、*The Player*では、シナリオライターのデイヴィッド（David）という登場人物が、憎んでいる主人公でプロデューサーのグリフィン・ミル（Griffin Mill）に、

> Did you speak to the "Ice Queen"? You'd like her, Mill. She's a lot like you: **all heart**.
> （字幕："氷の女王"と話を？／彼女が気に入るぜ／君に似て**ハートがない**）

と言うセリフがある。この場面を簡単に説明すれば、デイヴィッドがここで「"氷の女王"」と呼んでいるのは、常に冷たい態度をとる自分の恋人のことである。

このセリフでは、まず、「あの"氷の女王"と（電話で）話したのか？（彼女に直接会ったら）きっと気に入るぞ。あいつは、おまえによく似てるんだ」といった趣旨を述べ、そして、その「よく似てる」のは「《二人とも》"all heart"（**極めて情け深い**）」ところだと言う。

もちろん、彼の**真意**は、その**反対**で「**情け知らず**」なのである。この部分の訳として「（君に似て）ハートがない」という字幕を作った人は、おそらく、「（君に似て）**極めて情け深い**」のように原文の**反語表現**を真似したとしても日本語がおかしく感じられるだけだ、と判断したのだろう。

品のない英語を考える

*The Player*のセリフには、あまり品のよくない、丁寧な会話には通常使わないような英語表現も多い。たとえば、

①What **the hell** was that?
(「それはいったい何だったんだ?」という意味。字幕:「知らんな」)

②It'll **rip your heart out**.
(「**胸を引き裂くようなものだ**」という意味。字幕無し)

③Well, if you don't mind a place where you **don't have any suck with** the maitre d', I know a bar down the street.
(「じゃ、おまえが給仕長に**コネのない**店でよければ、このすぐ近くにおれの知っているバーがあるよ」という意味。字幕:「あんたの顔の利く店じゃないぜ/すぐ先のバーだ」

というものが挙げられる。①のhellは文字通りだと「地獄」だが、強意を表す際によく使われる。

②は大げさで生々しいので品がない。

③suckは、やや下品な言い方で、「何かのコネによる特別な影響力」という意味で使われる言葉だが、相手がそうしたコネをもっていることに対して話し手(書き手)が覚えている軽蔑心も表される俗語である。

5 英語に訳せない小津映画の巧妙なセリフ

それぞれの品のなさを日本語で真似することはいささか難しいと思うが、逆に丁寧な会話に使ってもいい英語表現に書き換えれば、

①What ~~the hell~~ **on earth** was that?
②It'll ~~rip your heart out~~ **move you to tears**.
③Well, if you don't mind a place where you **don't have any** ~~suck~~ **special influence with** the maitre d', I know a bar down the street.

のような言い方になる。

誤訳だらけの慣用表現

「底が割れる」や「相好を崩す」などのように、日本語には面白い慣用表現が豊富にあり、我々日本語学習者はそうした言葉に初めて出会ったときに、最初は意味がまったく分からないかもしれないが、一度覚えたら使ってみたくなる。英語の慣用表現についても同じことが言えるだろう。表現力を豊かにしてくれる重要な言葉でもあるので、なるべく多く覚えたい。英語の例をいくつか見てみよう。

前述の *The Player* で "**all heart**" という表現が出てくる場面では、続いてデイヴィッドが「グリフィンがそのうちに首になる」という噂を持ち出し、

You're **in over your head**!

とグリフィンをけなす。英和辞典では、**in over one's**

映画『ザ・プレイヤー』 映画プロデューサーのグリフィンを演じるティム・ロビンス。

headはたいてい「抜け出せない難局にまき込まれて」や「深くはまり込んで、にっちもさっちもいかなくなって」「どうすることもできずに、なすすべがなく」などのように定義され、基本的には「**しようとしていることを成し遂げる能力がなく、失敗するのは時間の問題だ**」という状況を表す。

この場面でデイヴィッドが言っているのは「大手のスタジオのプロデューサーを務めるなんて、そもそも、おまえには無理なんだ」ということである。慣用表現としてのto **be in over one's head**は、もともと「**泳げない人が、足が底に届かないほど深い海に入ってしまっていて、どうしようもなくなった状態**」から転じ

た、生き生きとした言葉だ。

なお、不思議なことに、"You're in over your head!"の字幕は、なぜか「頭を冷やせ！」とまったく関係ないことを言っている。

デイヴィッドはもう一つの面白い「けなし言葉」を使って、首になると噂されているグリフィンのことを、

Yesterday's news.

（直訳：昨日のニュース。「**過去のもので、もう関心を集めなくなった人**」という意味。字幕無し）

だと言う。簡潔でインパクトの強い表現だ。

その後の場面で、スタジオの警備担当ウォルターが社長に、「グリフィンは殺人の疑いで逮捕されそうだ」といった旨のことを知らせると、社長は「グリフィンのためにわざわざもみ消しを企てることはまったくないが、スタジオの**我々だけはスキャンダルに巻き込まれないようにしなさい**」という意味のことを、

Keep *our* noses clean, Walter.

と、慣用表現の"keep one's nose clean"を使って、簡潔に表す（字幕は、残念ながら「余計な口を出すな」と、まったくつながらないことを言っているが）。

最後に、**meet**（出会う）という動詞の**慣用的用法**の例を挙げよう。*The Player*には、シナリオライターが、自分の作りたい映画の企画をグリフィンに売り込もうとする場面がいくつもあるが、たいていライタ

ーたちは、自分の考えている映画のイメージをグリフィンに思い浮かばせるために、過去の有名な映画にたとえ、

 It's *Out of Africa* **meets** *Pretty Woman*.
 (『愛と哀しみの果て』と『プリティ・ウーマン』が**組み合わせられたものだ**)

や、

 ... not unlike *Ghost* **meets** *Manchurian Candidate*.
 (『ゴースト』と『影なき狙撃者』が**組み合わせられたみたいなものだ**)

などのように説明する。本来「出会う」を意味する**meet**のこうした使い方は、簡潔で効果的な**慣用表現**なのである。

6 「第3の場所」の役割を果たす本屋の力

> By giving us the opinions of the uneducated, journalism keeps us in touch with the ignorance of the community.
> —— Oscar Wilde
>
> 教育のない人たちの意見を伝えることによって、ジャーナリズムは、共同体が無知であることを我々が忘れないようにしてくれる。
> —— オスカー・ワイルド
>
> The greatness of a community is most accurately measured by the compassionate actions of its members.
> —— Coretta Scott King
>
> 共同体の素晴らしさは、その構成員たちの情け深い行動によって、正確に判断されるのである。
> —— コレッタ・スコット・キング

出会いを求めて集まる場所

英語圏、とりわけアメリカの都市社会学者は、community building という用語をよく使う。この表現は、一見したところでは「町づくり」「地域おこし」のことを言っているように見えるかもしれないが、本

当の意味はだいぶ違う。

というのも、地域の経済力を向上させることを目的にする「町づくり」や「地域おこし」とは違って、community buildingは、むしろ、気持ちの問題であり、「地域同士の仲間意識」を培(つちか)うことを目的にするものなのである。

ここでのcommunityは、具体的な「市街地」ではなく、漠然と「親交というもの」を表している。common（共有〈共通〉の）という言葉と同じ語源を持つ語で、利害や趣味などを共有する者同士の「連帯感」がそもそもの意味だった。こうした抽象的な意味でのcommunityは「**数えられない（不可算）名詞**」として用いられる。

また、社会学者がcommunity buildingの話をすると、たいていthird places（第3の場所）という用語も使う（third spaces〈第3の空間〉という言い方をする気取った学者もいるが、third placesがふつう）。「第1の場所」は「家」であり、「第2」は「職場（学校）」だが、「第3」のほうは「地域社会」において人が会話や社交、出会いを求めて集まる場所だ。

私が現在住んでいる街では、「ドトールコーヒーショップ」と「珈琲館」が昼間にそうしたthird placesの役割を果たしているようだが、アメリカでは、一般的に最も重要なthird placesとなるのは、farmers' markets

(農民市場＝地元の農民が生産物を直売する市場)と coffee shops（カフェ）と bookstores（本屋）である。

夢の「神田古書店街」

この三つの中では、日本人の感覚からするといささか浮いてしまいそうなのは、bookstoresである。確かに、たとえば、アメリカの総合大学にはUniversity Bookstoreという、日本の大型書店に負けないくらい本格的な店もあれば、大手のチェーン店も多いが、third placesとして役割を果たすのはそうした店ではなく、個人経営のindependent bookstoresである。

私が初めて本屋のthird placeとしての魅力を感じたのは、昔、大学に入って間もないときである。コロラド州ボルダーにある大学近辺の街を歩いてみると、専門的な「小書店」が何軒もあることにびっくりした。美術書を中心とする店もあれば、歴史の本ばかりの店もあった。中でも私がいちばん気に入ったのは、一日中クラシック音楽がかかっていたThe Attic（屋根裏部屋）という名前の文学中心の本屋だった。客用のソファもあり、朝には淹れたてのコーヒーの香りがとてもよかった。The Atticによく集まるのは、大学の教職員や学生だけではなく、大学街に住むのが好きだという「ふつうの人」が少なからずいた。

実は、私は学部生のときは英文学の専攻だったのだ

が、大学院に入ってからは、日本近代文学専攻となった。すると、アメリカの書店はさほど役に立たなくなった。というのも、いくら立派な店であっても、日本語の本をほとんど置いていないのである。そこで私にはちょっとした夢が生まれた。

　先輩たちの話によると、東京に行けば「神田古書店街」という、アメリカにはないような、実に素晴らしい「文化の街」があって、そこでは欲しい本は何でも手に入るという。それを聞いた私は、いつか自分も神田神保町というところに一度行ってみたい、という夢を見るようになったのだ。

　不思議なめぐり合わせだが、それから約10年後、神保町の隣町、駿河台の大学に勤めるようになった。キャンパスから書店街までは徒歩2分。行こうと思えば、毎日でも行ける。というより、通勤には神保町駅を使うので、その大学を退職するまで実際毎日のようにその街の中を歩いていた。今でも時折訪れることがあるが、店に入ると、幸せな気分になる。

第3の場所の特質

　ところで、アメリカの社会学者レイ・オルデンバーグが、「本物のthird places」の特質を次のようにリストアップしている。

　　・Free or inexpensive

(無料、もしくはあまりお金がかからない)
・Food and drink
(飲食あり)
・Highly accessible: proximate for many [walking distance]
(十分にアクセスしやすい：多くの人にとって近い［歩いていける距離］)
・Involve regulars
(常連客あり)
・Welcoming and comfortable
(居心地がよさそうな、くつろげる)
・Both new friends and old should be found there
(新しい友だちと前からの友だちの両方に会える)

このような意味で、私の経験で最も優れたthird placeは、やはり大学時代のThe Atticになる。現在は、どういうわけか、バー＆ビストロとなってしまっているようだが、本屋だったあの頃のThe Atticでできたcommunity buildingは最高であった。

動詞のwelcomeを使いこなす

私が「居心地がよさそうな、くつろげる」と訳した上述の "**Welcoming** and comfortable" の **welcoming** は、文法的に言えば、形容詞化した現在分詞だ。この文脈では、「人を**welcome**（歓迎）しているような」→

「人が**welcome**されている気持ちになりそうな」→「居心地がよさそうな」というプロセスで意味が転じてきた語である。別の文脈では、たとえば、

　　I had expected a cold reception, but she gave me an extremely **welcoming** smile.
　　（冷たく迎えられるだろうと思っていたのだが、彼女は非常に親しげな笑顔を私に見せてくれた）

のように「**親しげな、友好的な**」という意味で使われることもよくある。これは「人を**welcome**（歓迎）しているような」→「人が**welcome**されている気持ちになりそうな」→「**親しげな、友好的な**」というプロセスで意味が転じてきた場合になる。

　英語ではこうした形の形容詞が豊富にあり、とりわけ**welcoming**のように**人が感じることを示す**ために使うケースが多く、次の文もその一例になる。

　　The temperature had risen to 39℃, and Lake Michigan **looked** even more **inviting**.
　　（気温が39℃まで上がったら、ミシガン湖はさらに**爽快そうに見えてきた**）

ここでの**inviting**は、話の内容からすると、「**invite**（誘う）しているような」→「（湖に入ってみる）気をそそるような」→「（湖に入ったら）**爽快そうな**」というプロセスで意味が転じてきた語だが、「気をそそるような」が**inviting**の基本的な意味である。たとえば、

6 「第3の場所」の役割を果たす本屋の力　　83

Given Michael's unsuspecting nature, he seemed an **inviting** target to the confidence man.

(その詐欺師から見て、マイケルは〈人を〉怪しまない質(たち)なので、**狙いやすそうな**カモに見えた)

のような例であれば、an **inviting** target は、**狙ってみる気をそそるような**カモと考えていいのである。

痛風持ちを「誘惑する」英語

なお、inviting と似たような意味を持つ tempting (そそのかす) という語もよく使われる。**tempting** が形容詞として最も頻繁に修飾する名詞は、おそらく、下記の例文に見られるように、offer (申し出) だろう。

Thank you. It's certainly a **tempting** offer, but I cannot accept.

(ありがとうございます。確かに**心がそそられるような**申し出ですが、受け入れられません)

本来「誘惑するような」の意味を表すこうした **tempting** は、「本当はしてはいけないが、それでもしたくなるような」ことを示すケースが多い。たとえば、痛風にかかっている人がビストロのメニューを見て、

The *pâté de foie gras* is very **tempting**, but I guess ....

(フォアグラのパテが非常に美味しそうですが、やはり……)

というような使い方がその典型になる。

　もっとも、「フォアグラ」と言えば、まず **mouth-watering**（よだれの出そうな、極めてうまそうな）という言い方を連想する。**mouth-watering** は、

　　The waiter showed me the *foie gras*, and it was **mouth-watering**.

　　（ウェイターが私にそのフォアグラを見せてくれたが、**実に美味しそうだった**）

のように使う言い回しである。

油っこい語感をもつ英語

　昔、前述の The Attic に通っていた頃、私はなんとなく大学で「マーケティング」という授業を受けてみることにした。あまり楽しくない授業だったのだが、一つだけ教科書にあった面白い話がいまだに記憶に残っている。「巧みな宣伝によって商品の短所を長所として売り出すことができたマーケティングの"成功談"」だ。

　そこには、**油っこい**フライドチキンを主力商品とするファストフードチェーンが、その商品のことを **"finger-lickin' good"**（〈つまむと油がやたらに付いてしまう〉指までなめたくなるほどうまい）という宣伝文句で記していた。

　ここでの **finger-lickin'**（= **finger-licking**）は、形

6　「第3の場所」の役割を果たす本屋の力　　85

容詞ではなく、good(うまい)を修飾する副詞として用いられているが、たとえば、

How about some **finger-licking** onion rings?
(**非常に**うまいオニオンリングだけど、どう?)

のように形容詞として使うアメリカ人もいるかもしれない。いずれにしても、正直言って **finger-licking** は私にとって相当汚らしい語感をもつのだが、現在分詞用法の幅広さを考える例としては、決して悪くはないと思う。

7 「資本主義の走狗」の英訳の不可思議さ

I am opposing a social order in which it is possible for one man who does absolutely nothing that is useful to amass a fortune of hundreds of millions of dollars, while millions of men and women who work all the days of their lives secure barely enough for a wretched existence.
 —— Eugene V. Debs

有益なことをまったく何もしない一人の男に何億ドルもの蓄財が可能になり、一方で何百万もの男女が、人生すべての日々を働きづめでも、惨めな生活をやっと維持することしかできないような社会のあり方には、私は反対する。
 —— ユージーン・V・デブズ

The liberty of a democracy is not safe if the people tolerate the growth of private power to a point where it becomes stronger than the democratic state itself. That in its essence is fascism: ownership of government by an individual, by a group, or any controlling private power.
 —— Franklin D. Roosevelt

民主主義国家自体より、個人の力が強くなる段階まで成長することを人々が受け入れるようになった

ら、民主主義の自由が脅かされていることになる。それは、本質的にファシズムである。個人、ある集団、もしくは、支配的な個人の力による政府の所有なのだ。
　　——フランクリン・D・ローズベルト

毛沢東による批判のコミカルな英訳

「資本主義」は、英語ではcapitalismと言う。私はこの英語を初めて意識したときのことをよく覚えている。東西冷戦時代で、まだ小学生だった私は、ある日「毛沢東は、アメリカとその同盟国はみなrunning dogs of capitalism（資本主義の走狗）だと主張した」と書いてある新聞記事をたまたま見かけた。

記事を読んでみると、毛沢東は痛烈な批判のつもりでその表現を使ったようであったが、私にはその英語がどうしても批判的には感じられなかった。

そもそも私にはcapitalismという英語の意味がまったく分からず、その意味を想像もできなかった。しかし、それよりも、running dogs（走っている犬たち）という言い方からはコミカルなイメージしか浮かんでこない、という問題のほうが大きかったのだ。

犬の走る姿はたいてい優雅なものなので、大人なら決してコミカルなイメージは浮かんでこなかったろうが、子どもの私がその英語を見て連想したのは、当時

流行っていたディズニーのアニメ映画『わんわん物語』(*Lady and the Tramp*; 1955年) のちょっとユーモラスな場面であった。

　いずれにしても、running dogsは、「走狗」とは違って、どこから見てもこれといった侮辱には感じられない。もし「走狗」と同じ意味を表す英語なら、lap dogsがピッタリである。ひざ (lap) に載せて可愛がる愛玩犬のことを示すlap dogは、比喩的には他人の手先となって使役される人を示す蔑称としてよく使われるのである。

　ちなみに、似たような言い方だが、イギリスでは、2003年にイラク戦争への参加を決定したブレア首相（当時）は、よくBush's poodle（ブッシュのプードル）と揶揄されていた。

　ところで、子どもの私がcapitalismの意味を想像できなかったのは当然だろう。というのも、たとえば、Catholicism（カトリックの教義）という語なら、どの子どもでもCatholicの意味をよく知っているから十分に想像できるはずだが、capitalという語に関しては「首都」や「州都」という意味くらいしか知らなかったので、capitalismの意味を想像するのは無理だったのだ。

capitalismの語源を考える

　しかし、なぜ「資本主義」のことをcapitalismと言

うのだろう？　その理由はhead（頭、首）を意味する*caput*というラテン語にある。captain（キャプテン）や帽子のcap（キャップ）も*caput*から転じて生まれた言葉であり、首都のcapitalも無論同様だ。また、たとえば「死刑に値する犯罪」の意を表すcapital crimeという言い方も、死刑はもともと「斬首」がふつうだったことから来ている。

capital gain（資本利得、キャピタル・ゲイン）という用語に見られる、「資本」を意味するcapitalも「頭」という日本語から理解できるだろう。たとえば、「本（もと）になる金」の意を表すには「頭金」という言い方がある。これは「物事のはじめ」や「ものの先端」「先」などを表すために使われる「頭」だが、英語のheadにも似たような語感がある。

たとえば「皆の先頭に立つ」という意味を表すget ahead of everyoneという表現のaheadにもそうした感覚がはっきりしている。あるいは、walk ahead of 〜（〜の先に立って歩く）という言い方や、ゴルフのclub head（クラブヘッド、ゴルフクラブの先端）も同じである。あるいは、*caput*を語源とするラテン語系の英語では、「岬」を表すcapeという英語もある。日本語でも「岬」は「先」と同源をもつ言葉なのだ。

そういえば、日本語では、よく「新しい商売を始めたいが、先立つものがない」などのような言い方をす

るが、同じことを英語では、

　I want to start a new business, but I don't have the **capital**.

のように言うので、やはり、「資本主義」のことを**capital**ismと表現するのは、日本語の観点から見てもおかしくないのである。

　しかし、もし毛沢東が生き返って今日の上海(シャンハイ)を見たら、どう思うのだろう。現在の中華人民共和国は、外貨準備高（total amount of foreign currency reserves）がおよそ3兆1400億ドル（2017年末現在）で世界の他の国々を圧倒しているので、毛沢東は中国政府を「資本主義の走狗」と非難せず、その成功を認めるかもしれない。

　面白いことに、中国では自国の経済のことを、

　a capitalist economy（資本主義経済）

とは呼ばず、

　a socialist market economy with Chinese characteristics

（中国的特色をもつ社会主義市場経済）

と呼ぶ。これはきっと重要な区別なのだろう。

　同じ「物は言いよう」の話であるが、私が子どもの頃、新聞で見かけた「走狗」の定訳であるrunning dogsという言い方がいまだに気になる。なぜ英語圏の通信社は「走狗」をわざわざ、毛沢東の批判がちゃ

んと表現される意訳のlap dogsにせず、誰にもその意図が理解できないrunning dogs（走っている犬たち）にしたのか。

冷戦中だったので、もしかしたら意図的に毛沢東がバカに見えるような訳にしたのでは、と思うのだが、考えすぎだろうか。

資本主義と大恐慌

アメリカの文学や映画、演劇でcapitalismの弊害が最も本格的に指摘される作品は、the Great Depression（〈世界〉大恐慌）中に舞台が設定されているものである。日本においてこの大不況は、deficit spending（政府の赤字財政支出）とcurrency devaluation（通貨の平価切下げ）によって比較的早く終わったのだが、アメリカも含め多くの国では、1929年10月24日の「暗黒の木曜日」と呼ばれるニューヨーク株式市場の大暴落から第二次世界大戦の勃発まで続いた。

まだsocial safety net（社会的セーフティーネット、最低限の生活保障をする社会福祉計画）ができていなかったアメリカでは、現在なら「第三世界」でしか考えられない悲惨な出来事が少なくなかった。

私が大学で受け持っている授業で「アメリカ映画史」を扱うとき、1930年代の映画を取り上げる前に、ジョン・フォード監督の作品『怒りの葡萄』（*The Grapes of Wrath*; 1940年) を観てもらう。これは、なぜ1930年代の観客が大恐慌の怖さから精神的に逃避するために、『極楽特急』(*Trouble in Paradise*; 1932年)、『或る夜の出来事』(*It Happened One Night*; 1934年) などのscrewball comedy (1930〜40年代に流行したロマンティック・コメディ映画) を求めていたのか理解してもらうためである。

なお、映画は傑作と言っていいが、原作の小説 (同名／ジョン・スタインベック著／1939年) はさらに優れ、大恐慌を理解するのに効果的な作品である。とりわけ、土地の所有者に追い出されてしまう小作人の悲哀が巧みに描き出されている。中でも、妻子を養おうとしている一人の貧乏な小作人と、地元に住む、あるブルドーザー (小説ではトラクターと言う) の運転手との間に交わされる印象的な会話がある。

「今日中におまえの家をブルドーザーでぶっつぶせ、と命令を受けているよ」という通告を受けたその小作人の、その運転手に対する脅し文句から、会話は次のように続く。

"It's mine. I built it. You bump it down – I'll be in the window with a rifle. You even come too close and I'll pot you like a rabbit."

(「家はおれのもんだ。自分の手で建てたんだ。おまえがぶっつぶそうとしたら——おれはそのとき

窓のところでライフルを持って待っているぜ。近づいてきたら、おまえを、うさぎみたいに、一発で仕留めてやるぞ」)

"It's not me. There's nothing I can do. I'll lose my job if I don't do it. And look—suppose you kill me? They'll just hang you, but long before you're hung there'll be another guy on the tractor, and he'll bump the house down. You're not killing the right guy."

(「おれのせいじゃないよ。おれには何もできやしない。仕事をしなければ、失業してしまうだけなんだ。それに、いいか——あんたがおれを殺したって、縛り首になるだけだよ。それに、縛り首にされるだいぶ前に、もうほかの奴がトラクターに乗ってきて、この家をぶっつぶすんだよ。おれを殺すなんてお門違いなんだよ」)

"That's so," the tenant said. "Who gave you orders? I'll go after him. He's the one to kill."

(「そりゃそうだろうな」と小作人は言った。「じゃ、おまえに命令を出したのは誰なんだ? そいつを追いかけてやる。そいつこそ殺してやるべきだ」)

"You're wrong. He got his orders from the bank. The bank told him, 'Clear those people out or it's your job.'"

(「それは間違っている。その人は銀行から命令を受けたんだよ。銀行はそいつに『あいつを追い出さなければ、おまえが首になるぞ』と言いつけてるんだよ」)

"Well, there's a president of the bank. There's a board of directors. I'll fill up the magazine of the rifle and go into the bank."

(「じゃ、銀行の頭取がいるだろう。重役会もあるはずだ。おれはライフルに弾をいっぱい詰めて、銀行に乗りこんでやる」)

The driver said, "Fellow was telling me the bank gets **orders from the East**. The orders were, 'Make the land show profit or we'll close you up.'"

(「人から聞いた話だけど、銀行は東部から命令を受けてるんだって。『土地から利益が出るようにしろ、さもないと、銀行を閉鎖する』っていう命令だって」と運転手は言った)

"But where does it stop? Who can we shoot? I don't aim to starve to death before I kill the man that's starving me."

(「だけど、どこまでいったら終わりになるんだ? 誰を射ち殺せばいいんだ? おれは、飢え死にする前に、おれを飢え死にさせようとしてるやつを殺してやる」)

"I don't know. Maybe there's nobody to shoot."
（「おれには分からないよ。射殺してしまえばすべてすむって人間なんて、一人もいないのかもしれない」）

ここでの"orders from the East"（東部からの命令）の"the East"は、アメリカ東海岸、具体的にはボストンやニューヨーク・シティに集中している大手金融機関の事業を牛耳っている、正体不明の権力者たちを指し示している。

南中部のオクラホマ州の田舎で細々と暮らしている、無学のこの小作人はa capitalist economy（資本主義経済）というような用語の意味など分からず、聞いたこともないだろうが、"orders from the East"と言われたら、そうした経済の中での自分の無力さを一層深く実感するはずなのだ。

ある農民のすさまじい体験

大恐慌と重なるように1930年代のアメリカの中西部では、干ばつと風食によって、日本の面積を超える40万キロ平方メートルほどのダストボウル（黄塵地帯）ができてしまった。そこで、主にオクラホマ州、テキサス州、アーカンソー州から、350万人もの農民が別の州に移住するしかない状況になった。

彼らの多くは、カリフォルニア州には野菜・果実摘

映画『怒りの葡萄』　ヘンリー・フォンダ演じるトム・ジョード(手前)

みの仕事があるという噂を聞いて、そこへ移ろうとするが、当然のことながら、それだけ膨大な人数のための仕事などなく、結局、ほとんどの農民が絶望する結果になってしまう。また、大農場で仕事を見つけられた少数の者にしても、自分の立場の弱さを悪徳業者につけ込まれ、食べていけるだけの賃金はもらえない。

『怒りの葡萄』にそうした一人の農民が登場する。どうせ餓死するなら自分の故郷で餓死したほうがましだと思って帰ろうとしている「みすぼらしい男」である。彼は故郷への帰途、キャンプ場でカリフォルニアへ行こうとしている主人公トム・ジョードたち農民の一行に出会い、実態について忠告してあげようとするが、

カリフォルニアが唯一の希望であるその農民たちは、彼に「そんなデタラメを言うな」と怒り出す。そこで、その男は、自分のすさまじい体験を次のように述べる。

The ragged man drew himself up. "I tried to tell you folks," he said. "**Somepin** it took me a year to find out. Took two kids dead, took my wife dead to show me. But I can't tell you. I should of knew that. Nobody couldn't tell me, neither. I can't tell **ya** about **them** little **fellas** layin' in the tent with their bellies puffed out an' jus' skin on their bones, an' **shiverin' an' whinin' like pups**, an' me runnin' aroun' tryin' to get work—not for money, not for wages!" he shouted. "Jesus Christ, jus' for a cup **a** flour an' a spoon **a** lard. An' then the coroner come. "**Them** children died **a** heart failure," he said. Put it on his paper. Shiverin', they **was**, an' **their bellies stuck out like a pig bladder**."

（みすぼらしい男は姿勢をまっすぐに伸ばした。「あんたたちに教えてあげようとしただけだ」と彼は言った。「おれが一年もかかってやっと分かったことを。うちの子どもは二人とも死んで、女房も死んでしまってやっと分かったことなんだ。だけど、おれがあんたたちにそんな話をしたってしょうがない。話すべきじゃないんだ。前のおれ

だって、教えてくれる人がいても聞こうとしなかった。話してもしょうがないけど、あの小っちゃい子どもたちがテントの中で寝てて、骨と皮ばかりになって腹をふくらませて、子犬みたいに震えたりくんくん泣いたりしていて、そして、おれはその間に、仕事を探しに走り回ってた——それも金、賃金をもらうためじゃないんだよ！」と彼は大声で言った。「こん畜生、カップ一杯分の小麦粉と一さじ分のラードをもらうためだけだったんだ。その後に検死官がやってきた。あいつは『この子たちは心不全で死んだんだ』と言いやがった。書類にそう書き込みやがったんだ。それまで震えてて、腹が豚の膀胱(ぼうこう)みたいに突き出てしまっていたあの子たちのことだよ」)

この英語には、説得力を与えてくれる特徴が三つほどある。一つは、実に農民らしい発音を反映する表記の仕方だ。具体的に言えば、「Something→**Somepin**（何か）」、「you→**ya**（あんたたち）」、「little fellows→little **fellas**（子どもたち）」「a→**of**（の）」というような表記である。

もう一つの特徴は、辞書では「《方言・俗》」や「《非標準・口》」とされる"those"の意味で使われる"**them**"のように、無学という感じが強いくだけた表現だ。"were"を使うべきところで"**was**"を使うという

のもそうした例になる。

　三つ目の特徴は、比喩的表現として、"shiverin' an' whinin' like pups"（子犬みたいに震えたりくんくん泣いたりしていて）や"their bellies stuck out like a pig bladder"（腹が豚の膀胱みたいに突き出てしまっていた）のように、農民なら当然馴染みが深いはずの動物を使うことである。こうした表現によってこの小説のリアリティが格段に増すのだ。

8 『こころ』の文体に見られる英語の影響

I think... if it is true that there are as many minds as there are heads, then there are as many kinds of love as there are hearts.
—— Leo Tolstoy, *Anna Karenina*

私が思うに……頭と同じ数の考え方があるということが本当なら、心と同じ数の愛があるはずだ。
—— レオ・トルストイ『アンナ・カレニーナ』

And now here is my secret, a very simple secret: It is only with the heart that one can see rightly; what is essential is invisible to the eye.
—— Antoine de Saint-Exupéry, *The Little Prince*

さあ、これが私の秘密、とても単純な秘密です。心で見るだけで、はっきりと見ることができます。本当に大事なことは目に見えないのです。
—— アントワーヌ・ド・サンテグジュペリ『星の王子さま』

単純には訳せない『こころ』と「先生」

　私が初めて読んだ夏目漱石の小説は、多くの日本人と同じように、『こころ』である。ただ、私の場合、

まだ日本語が読めない時分だったので、正確に言えば、それは『こころ』ではなく、*Kokoro*という英訳だった。訳者は、当時シカゴ大学の教授を務めていた、神戸生まれのイギリス人日本文学研究者エドウィン・マクレラン(Edwin McClellan[1925〜2009])である。彼は、英題の候補をいろいろ考えた末、結局、そのまま*Kokoro*にするしかないと判断したらしい。

英語圏の一般の日本語学習者なら、「こころ」と言えば、まずheartという英語と「一対一」で対応させて暗記するのがふつうである。が、『こころ』の英題を*Heart*にしたら、「こころ」とはだいぶかけ離れたイメージを読者に思い浮かべさせてしまいかねない。heartという単語は「心臓」から「熱意」まで、様々な意味を表すが、無冠詞単数形という裸の*Heart*を見れば、読者は、たとえば、

　　The players showed good **heart**.
　　(選手たちは**勇気**を示した)

のように、「**勇気**」や、「**剛毅な性格**」「**元気**」「**熱心**」などのようなイメージを思い浮かべる可能性がかなり高いのである。

「先生」という、主人公に対する呼び方にも似たような問題があり、マクレランの英訳ではこれもそのまま、"Sensei"となっている。具体的に言うと、冒頭の「私(わたくし)はその人を常に先生と呼んでいた。だから此所(ここ)でもた

だ先生と書くだけで本名は打ち明けない」は、

> I always called him 'Sensei.' I shall therefore refer to him simply as 'Sensei,' and not by his real name.

となっているのである。日本語の「先生」の訳語としてよく使われるTeacherやMasterという言葉はあるが、先生に向かってTeacherという呼び方をするのは小学生くらいまでの子どもだけであり、Masterだと、奴隷制度、もしくはSMの世界を読者に思い浮かべさせてしまいかねない。

ところで、heartに言及すると一緒によく出てくるのがmindという単語だ。英和辞書には「精神、心」という意味が載っているが、これもなかなか訳しにくい。heartが感情や気持ちを表すことに対し、mindは論理的な思考に基づく。その違いがはっきりする例として、

> **In my heart** I resented her, but **in my mind** I knew that my resentment was an irrational emotion.
> (私は、**心の中では**彼女のことを恨んでいたが、**頭では**その恨みが理性的ではない感情だということが分かっていた)
> She used to love me, but it seems that lately she has had **a change of heart**.

（彼女は、以前は私のことを愛してくれていたが、最近**心変わり**したらしい）

Until last week he thought that the plan to hire me was a good one, but it seems that lately he has had **a change of mind**.

（先週までは、彼は私を雇うのはいい計画だと思ってくれていたが、最近その**考えが変わった**らしい）

というような、ごくふつうの使い分けが挙げられる。**a change of heart**は「**気持ちの変化**」で、**a change of mind**は「**考え方の変化**」を表すのだ。

繰り返しの多い英語的な文体

私が初めて『こころ』を日本語で読んでみたのは大学院生になってからである。一文一文が短く、意外と分かりやすい日本語だ、というのがいちばんの印象だったが、今読むと、むしろ、英語からの影響が大きい文体だ、と強く感じられる。

とりわけ、日本語なら各センテンスで主語を繰り返して述べる必要がないのに、たとえば「**私**は多少の金を工面して、出掛ける事にした。**私**は金の工面に二、三日を費やした」のように、わざわざ主語を繰り返して述べることが多いのが気になる。

その少し後に出てくる「……**友達**は、急に国元から帰れという電報を受け取った。電報には母が病気だか

らと断ってあったけれども**友達は**それを信じなかった。**友達は**かねてから国元にいる親たちに勧まない結婚を強いられていた」という繰り返し方にも同じような傾向が感じられる。

あるいは、上記の文の後に出てくる、海岸にある「掛茶屋」についての描写では、こんな文がある。

> 彼らはここで茶を飲み、ここで休息する外に、ここで海水着を洗濯させたり、ここで鹹(しお)はゆい身体を清めたり、ここへ帽子や傘を預けたりするのである。

ここでの「ここ」の繰り返しは、漱石が何らかの効果を狙った意図的なものなのかもしれないが、それは私にははっきりとは判断できない。また、意図的だったと言われても、それで成功したかどうかはなおさら判断がつかない。「英語からの影響」に関する判断も非常に難しい。ただマクレランは、上記の描写を次のように訳している。

> In **them** the bathers would drink tea, rest, have their bathing suits rinsed, wash the salt from their bodies, and leave their hats and sunshades for safe-keeping.

漱石の五つの「ここ」がこれで"**them**"(=二軒あるその掛茶屋)と一つにまとめられているのである。もし、仮に原文の繰り返しを真似しながら訳せば、

> **Here** the bathers would drink tea, and in addition to resting **here**, **here** they would have their bathing suits rinsed, **here** they would wash the salt from their bodies, and **here** they would leave their hats and sunshades for safe-keeping.

と、かなりくどい感じの英文になってしまう。

「私の自信を傷めた」への違和感

さらに、語彙のレベルでも英語の影響が感じられる文章もある。たとえば、次の文を見てみよう。

> 私は月の末に東京へ帰った。先生の避暑地を引き上げたのはそれよりずっと前であった。私は先生と別れる時に、「これから折々お宅へ伺っても宜ござんすか」と聞いた。先生は単簡にただ「ええいらっしゃい」といっただけであった。その時分の私は先生とよほど懇意になったつもりでいたので、先生からもう少し濃かな言葉を予期して掛ったのである。それでこの物足りない返事が少し**私の自信を傷めた**。

この最後の「私の自信を傷めた」は、日本語の感覚でふつうに発想する言い方なのだろうか? もし「**私の自信を傷めた**」ではなく、たとえば「**この物足りない返事で私は自信を少しなくした**」や「**この物足りない返事で私の自信が少しなくなった**」なら、これとい

った違和感がなく、「この物足りない返事が私の自信を少しなくしてしまった」にしても、さほどおかしく感じられないだろう。しかし、「私の自信を傷めた」は、どうしても英語の決まった表現である **wounded my confidence** の直訳にみえる。

英語では、**hurt my confidence** や **damaged my confidence** という似たような表現も頻出し、このような表現は英語としてごくごく自然な言い方なのである。

rather than 〜を思い出させる表現

次の文章もいささか不思議に思われる。

> 傷(いた)ましい先生は、自分に近づこうとする人間に、近づくほどの価値のないものだから止(や)せという警告を与えたのである。他の懐かしみに応じない先生は、**他(ひと)を軽蔑(けいべつ)する前に、まず自分を軽蔑していた**ものとみえる。

私はこの文を始めて読んだとき、rather than 〜という英語の言い回しを連想した。具体的に言えば、

> **Rather than** holding others in contempt, it was that he held himself in contempt.
>
> （人を軽蔑していたというよりは、彼はむしろ自分を軽蔑していたのだ）

という「〜よりは、むしろ〜」を表す rather than 〜である。もし私が「他を軽蔑する前に、まず自分を軽

蔑していた」を英訳すれば、こうしたrather than 〜を使うだろう。

とはいえ、実際にrather than 〜を連想するきっかけとなったのは、ここではやや不自然に感じられる「〜する前に」という言い方である。というのも、英語ではrather than 〜を使った文での**比較を強調する**ために、接続詞のbefore（前に）を用いることが実によくあるからだ。たとえば、

I'd resign **before** I'd give my consent.
（私は、承諾を与えるよりは、辞任したほうがましだ）

という表現がその典型になる。直訳すれば「承諾を与える**前に**、私は辞任する」となるこの英語を、

I'd resign **rather than** give my consent.

のようにrather than 〜を使って言い換えても特に差し支えないのだが、レトリックとしては、**before**を使ったほうが、インパクトが強いのである。

ここで、漱石が「**他を軽蔑する前に、まず自分を軽蔑していた**」という言い方にしたのは英語からの影響だとは断定できないが、初めて読んだときにそんな気がしたのだ。

もちろん、日本語の文体に関して、たとえ私が何かを感じたとしても、それについて何かを言いきれるとは思わない。やはり、それは日本語を母語とする人間

にしかできないことだ。必要のない繰り返しが、仮に英語からの影響だったとしても、結局その判断は日本人の読み手に任せるしかない。

英語では出せない感覚

　当然のことながら、『こころ』の場合、逆に英語では真似できない表現の仕方も多い。たとえば、「**他**を軽蔑する前に」のように「**他**」を「**代用文字**」として使い「**ひと**」と読ませることが特に印象的である。この文の少し前に出てくる「不安に**揺**かされるたびに、もっと前へ進みたくなった」もそうした例になる。

　前者の場合、「**人**」よりも「**他人**」を連想させる「**他**」のほうが、その後に出てくる「**自分**」との**対照**になり、後者の場合、「**動**」よりも「**揺**」のほうが、心の「**動揺**」を感じさせて効果的な書き方になるのだ。26文字のアルファベットでは、こうした効果は目指しても目指しようがない。

英語の時制が理解できる『こころ』の英訳

　なお、『こころ』の原文をその英訳と比べてみると、英語の時制の使い方の勉強になる。たとえば、先ほども引用した次の文を考えてみよう。

　　私は月の末に東京へ帰った。先生の避暑地を**引き上げたのはそれよりずっと前であった**。私は先

生と別れる時に、「これから折々お宅(たく)へ伺っても宜ござんすか」と聞いた。先生は単簡(たんかん)にただ「ええいらっしゃい」といっただけであった。その時分の私は先生とよほど懇意になったつもりでいたので、先生からもう少し濃(こま)やかな言葉を**予期して掛(かか)**ったのである。

マクレランの訳では、上記の文は、

> I returned to Tokyo at the end of the month. Sensei **had left the resort long before me**. As we were taking leave of each other, I **had asked** him, "Would it be all right if I visited you at your home now and then?" And he **had answered** quite simply, "Yes, of course." I **had been** under the impression that we were intimate friends, and **had** somehow **expected** a warmer reply.

となっている。この訳で注意してほしいのは、英語の**過去完了形の連発**である。最初の文の "I returned to Tokyo at **the end of the month**." では、「**月の末**」が**過去の現時点**であり、それよりさらに**過去にあった**ことはすべて**過去完了形**で表現される。

日本人の英語に存在しない過去完了形

私が大学で受け持っている「英作文」の授業で受講生が書く英文で、**過去完了形の使用**をほとんど見た覚

えがない。むしろ、その時制がまるで存在しないかのような書き方がふつうである。しかし、使わずには意図するところが正確に伝わるような英文は書けないので、こうした英訳を参考にすればいいと思う。

　ちなみに、**過去完了形**の存在を無視して書くことが特に"**危険行為**"になるのは、**仮定法**が用いられている文の場合である。たとえば、大学生の書く英文には、このようなものが多い。

> I think I want to go to Thailand because I like Thai food. **But** if I **went** to Thailand, the weather **would be very hot**. **And** I don't like **very hot weather**.
> （私はタイ料理が好きなので、タイに行きたいと思う。でも、タイに行けば、天気が非常に暑いだろう。そして、私は非常に暑い天気が苦手だ）

こうした文を見ると、"went"と"would be"の**仮定法過去形**の見事な使い方に感心しながら、

> I want to go to Thailand because I like Thai food, **but** if I **went** to Thailand, the weather **would be very hot, which** I don't like.

のように、もう少しすっきりする一文にまとめたほうがいいと勧める。ところが、またそこで私が「では、もしタイに行かないことにするのなら、どこに行こうと思っているのか」と訊けば、なんと「これからしよ

うと思っている旅行の話ではなく、この前の9月の旅行の話だった」というのだ。

　具体的に言えば、「タイに行きたいという気持ちは十分にあった（今もあるのだ）が、結局、オーストラリアに行くことにして、実際に行ってきた」ということを英語で表そうとしていたというのだ。

　もし、どこに行こうかな、と**未だに考えていることではなく**、過去に**終わったこと**の話であれば、

　　I **wanted** to go to Thailand (and still do) because I like Thai food, but if I **had gone** to Thailand, the weather **would have been** very hot, which I don't like.
　　（私はタイ料理が好きなので、タイに行きたかった〈今でも行きたい〉。でも、タイに行っていれば、天気が非常に暑かったはずだ。私は暑い天気が苦手なのだ）

のように、**仮定法過去完了形**（ここでは "**had gone**" と "**would have been**"）を使うしかない。そうしなければ、まったく違う内容の話になってしまうのだ。

マクレランの選択を考える

　それはさておき、独特な日本語の使い方の多い『こころ』は、私には容易に英訳できそうな小説ではない。たとえば、次の部分を最初に読んだときに、いささか

迷った覚えがある。

　先生と私は通りへ出ようとして墓の間を抜けた。依撒伯拉何々の墓だの、神僕ロギンの墓だのという傍に、一切衆生悉有仏生と書いた塔婆などが建ててあった。全権公使何々というのもあった。私は安得烈と彫り付けた小さい墓の前で、「これは何と読むんでしょう」と先生に聞いた。「アンドレとでも読ませるつもりでしょうね」といって先生は苦笑した。

　先生はこれらの墓標が現わす人種々の様式に対して、**私ほどに**滑稽もアイロニーも**認めてない**らしかった。

まず、この最後の文に見られる「**認めてないらしかった**」は、私の知っている「認める」という動詞の通常の使い方ではなく、どういう意味で用いているのだろうと不思議に思ったのである。その後、友人に「この《認める》は《感じる》という意味だったようです」と言われ、なるほどマクレラン訳ではこの最後の文は、

Sensei **did not seem to find** the way in which different customs were reflected in the tombstones amusing or ironical, **as I did**.

(先生は、**私とは違って**、これらの墓標に見られた様々な慣習の反映の仕方に対して、滑稽さもアイロニーも**感じない**ようだった)

8　『こころ』の文体に見られる英語の影響

となっており、改めて彼の英訳に感心した。

なお、原文をもう少し直訳すれば、もともとの「**私ほどに滑稽もアイロニーも認めてないらしかった**」を上記のようにせず、

> Sensei did **not find** the way in which different customs were reflected in the tombstones **as** amusing or ironical **as I did**.

とするが、そうすると、「私ほどではなかったが、先生は滑稽さとアイロニーを**幾分か感じた**」といった趣旨になる。ところが、その後をどう読んでも「先生は滑稽さもアイロニーも**一切感じなかった**」としか思えないので、マクレランの判断は正しかったと思われる。とはいえ、マクレランはその前の、

> 私は安得烈と彫り付けた小さい墓の前で、「これは何と読むんでしょう」と先生に聞いた。「**アンドレとでも読ませるつもりでしょうね**」といって先生は苦笑した。

を、なぜか、

> I stopped before one that was particularly small, and pointing at the three Chinese characters on it, I asked Sensei, "How does one read that?" "I presume they are meant to be read as '**Andrew**'," said Sensei, smiling stiffly.

と訳した。原文の「**アンドレ**」は明らかに"André"の

114

ことなのに、どうしてそれをわざわざ英語の名前である"Andrew"に変えたのだろう？　フランス嫌いのイギリス人の意地悪だったのだろうか？

　いずれにしても、私はこの数十年間に『こころ』を日本語で何回か読んでいるが、毎回、最後まで飽きずに読める。そして、そのときの私の年齢に応じて、この小説から感じられる意味が微妙に違う。本物の文学とはまさにそういうものであろう。

9　英語の語彙に定着したtsunami

The waves fell; withdrew and fell again, like the thud of a great beast stamping.
—— Virginia Woolf, *The Waves*

波が打ち寄せ、引き、そしてまた打ち寄せる。獣の足踏みのドシンという音のように。
—— ヴァーニジア・ウルフ『波』

The many men, so beautiful !
And they all dead did lie:
And a thousand thousand slimy things
Lived on; and so did I.
—— Samuel Taylor Coleridge, *The Rime of the Ancient Mariner*, Part IV

多くの美しい人々！
みな、死して横たわった
そして何千ものいやらしいものが
生き続けた、私を含めて。
—— サミュエル・テイラー・コールリッジ『老水夫行：第4部』

tsunamiが英語になったのはいつか？

　2011年の東日本大震災に対する英語圏のマスコミの報道は、驚くほど本格的だった。私がよく観ている

CNNなどは、3月11日当日からNHKと同じように、24時間態勢で震災の放送をしていた。また、日本のメディアも、海外でどのように報道されているかについて、関心がかなり高いようであった。

 その時期、私は何人かの知り合いやゼミの学生などから、「津波のことは英語でも本当にtsunamiと言うのですか」といった問い合わせを受けた。どうやらみな「海外での反応」を取り上げた日本のニュース番組を観て、向こうからの英語での中継にtsunamiという単語が何回も出てきたことにびっくりしたらしい。

 実は、tsunamiの英語としての歴史は決して短いわけではないが、英語圏の一般大衆が使うようになったのは極めて最近のことである。私の知っている限り、tsunamiという語が初めて英文の印刷物に登場したのは、1896年のことだ。同年6月に明治三陸地震が起きたのだが、アメリカの *National Geographic* 誌の9月号のこの地震に関する記事の中でtsunamiが使われていたのだ。

> On the evening of June 15, 1896, the northeast coast of Hondo, the main island of Japan, was struck by a great earthquake wave (***tsunami***), which was more destructive of life and property than any earthquake convulsion of this century in that empire.

(1896年6月15日の夜、日本の本島である本土〈本州〉は、大地震の波（**津波**）に襲われた。この津波は、その帝国で今世紀に起こったいかなる地震の揺れよりも、生命や財産を破壊せしめるものだった）

また、小泉八雲(こいずみやくも)も、翌年に出版された本 *Gleanings in Buddha-Fields*（『仏の畑の落穂』）に収載された、同じ大震災に触れた "A Living God" というエッセイで tsunami を使ったのだが、いずれの場合も、「この語は英語ではなく外国語だよ」ということを示すイタリック体が用いられ、***tsunami*** と表記されていた。

が、1930年代まで進むと、tsunami はもはや外来語由来の英語として使われるようになっていた。たとえば、イギリスの科学ジャーナル *Nature* の1938年11月12日号では、同月5日に起きた福島県東方沖地震についての記事に tsunami がイタリック無し、しかも複数形を表す "s" 付きの tsunamis として現れた。

ちなみに、日本語からの外来語の場合、複数形を表す "s" が付くかどうかは微妙な問題だが、「由来は日本語だ」という意識が**薄いほど付く可能性が高い**。たとえば、**日本を連想させない**「大君」からの tycoon(s)（実業界の巨頭）や、「銀杏（元々の日本語読み：ぎんきょう）」からの ginkgo(s)（イチョウの木）には付くが、**日本しか連想しない** samurai（侍）は、映画 ***Seven Samurai***

(『七人の侍』／1954年）のように、付かないのである。

tsunamiを使う悪趣味な現象

ただし、以上はあくまでも科学の世界の話で、当時の"一般人"は依然としてtsunamiのかわりにtidal wave（潮汐波）という不正確な表現しか知らなかった。私も子どもの頃にはtidal waveという言い方しか聞いたことがなかったのである。

実際、tsunamiが英語圏で一般的に知られるようになった悲劇的なきっかけは、2004年末のスマトラ島沖地震によるインド洋の津波に対する報道だった。そのとき初めて英語圏のメディアがみな統一してtsunamiだけを使うようになったのだ。

津波を表すにはtidal waveは正確ではないが、比喩的表現として使うのなら差し支えない。たとえば、

The government's proposal encountered **a tidal wave of public resistance**.

（政府の提案は、**大きく広がった大衆の抵抗**に出会ってしまった）

という使い方がその典型である。また、感情の圧倒的な高まりを表す"**a tidal wave of emotion**"などのような言い方もごくふつうである。

残念ながら、この頃英語圏では、気取って"a tsunami of emotion"などと言ったり書いたりする悪趣味の人が

しばしば現れ、去年、*Chicago Tribune*紙に掲載されたアメリカの財政難についての記事の見出しは、

　　National debt: A tsunami of red ink
　　（国家負債：赤字の津波）

となっていた。

　私としてはtsunamiだけは比喩的表現として使うのをやめてほしいと思うのだが、一度外来語として英語に定着してしまうと、どのように使われるかは予想もつかないのが現実なのである。

地震に関する様々な英単語

　大震災に対する報道では、tsunami以外によく使われている英単語の中でも、earthquake（地震）とaftershock（余震）とrubble（瓦礫(がれき)）の頻出度が最も高いだろう。この英語に当たるそれぞれの日本語だが、すべて語感がいささか違うような気がする。これは日本語を母語としない人間の偏見かもしれないが、地震・余震・瓦礫のような漢語には、ある種の硬さを感じる。

　これに対してearthquakeとaftershockとrubbleは、むしろ、柔らかく、日本語の「やまとことば」から感じられる人間臭い感覚がある。

　極端なたとえになるかもしれないが、earthquakeは、日本語で言えば、古語で「地」を表す「なゐ」

(earth)＋「ふるえ」(quake) といった感じの言葉で、「地震学」のような学術用語には似合わない。英語では「地震学」のことを硬い漢語的な語である seismology を使って言う。たとえば、

　　I felt an **earthquake** this morning.
　　（私は、今朝、**地震**を感じた）

というような「ふつうの話」なら、**earthquake** でいいのだが、

　　The study of seismic waves, energy waves caused by rock suddenly breaking apart within the earth or the slipping of tectonic plates, is known as **seismology**.
　　（地震波の研究、つまり、地下の岩石が突然破壊されることや、構造プレートがずれることによって引き起こされる動力波の研究は、地震学と呼ばれる）

のような「硬い文章」の場合、**earthquake science** とは言わず、**seismology** という表現を使ったほうが自然なのである。

　しかし、言い方はともかくとして、地震と津波の恐ろしさは変わらない。

　　"*Tsunami!*" shrieked the people...
　　（「津波だ！」と村人たちは金切り声で叫んだ）

　前述した小泉八雲の"A Living God"は、明治三陸

地震のニュースを聞き、1854年に起きた安政南海地震による津波と、その際に村人を救った濱口儀兵衛の行動を取り上げたエッセイだが、そこに書かれた、

> ... and then all shrieks and all sounds and all power to hear sounds were annihilated by a nameless shock heavier than any thunder, as the colossal swell smote the shore with a weight that sent a shudder through all the hills, and a foam-burst like a blaze of sheet-lightning.
>
> (……それから、すべての金切り声、すべての音、音を聞くすべての力さえもが、いかなる雷鳴より強力な得体の知れない衝撃によって完全にかき消された。そのとき、その巨大な波は、周りの山々を動揺させるほどの力と幕電光のような泡の爆発で岸辺を強打していた)

というような描写を読むと、まるで2011年の震災について読んでいるような気持ちにさせられる。

ベッシー・スミスの歌う大洪水

　blues（ブルース）という音楽のジャンルが生まれたのは、大洪水が驚くほど多いアメリカのルイジアナ州である。洪水を歌った曲の中には東日本大震災の悲哀まで思い起こさせる歌詞も少なくない。

　定かな記憶ではないが、そうした曲の中で私が初め

て聴いたのは、"Empress of the Blues"（ブルースの女帝）と呼ばれていたベッシー・スミス（Bessie Smith）の歌う（作詞・作曲も）"Backwater Blues"（「戻り水ブルース」／1927年）だったと思う。その歌詞には、次のような描写がある。

> There's thousands of people ain't got no place to go. / ... I went and stood upon some high old lonesome hill. / Then looked down on the house where I used to live. /... my house fell down and I can't live there no more.
>
> （行くところのない人が数千人もいる。／…私は、高く、心細い丘の上に立っていた。／そして、それまで住んでいた家を見下ろした。／…その家は倒れてしまい、もうそこに住めなくなった）

1926年のクリスマス休暇にベッシー・スミスは、生まれ育ったテネシー州の州都であるナッシュビル市にいた。その日、ナッシュビルの中を曲がりくねって流れるカンバーランド川が大きく氾濫（はんらん）し、大変な洪水になってしまい、その災害を見てショックを受けたベッシーは、すぐにこの "Backwater Blues" を作ったのである。

ところが、この歌が別の洪水の話だと思い込んでいる人が今でも多い。というのも、彼女のレコードがリリースされた翌年には、"the Great Mississippi Flood of 1927"（1927年のミシシッピ大洪水）というアメリカ史上最大の災害である洪水が起きてしまい、それについての歌がすぐに数多く作られたので、"Backwater Blues"もその一つだと勘違いされるようになったのだ。

ミシシッピ大洪水を歌うブルース

"the Great Mississippi Flood of 1927"の大災害を取り上げる多くの曲の中でも、「デルタ・ブルースの父」として知られるチャーリー・パットン（Charley Patton [1891〜1934]）の歌う（作詞・作曲も）"High Water Everywhere"（「至る所に出水」／1929年）が私にとって最も印象的な曲である。とりわけ、

> ... the whole round country, man, is overflowed. / ... women and children sinking down. / I couldn't see nobody home, and was no one to be found.
> （周りはどこも水浸しになっている。／女と子供たちは、のまれて沈んでしまっている。／家には誰もいない。どこを探しても誰もいない）

という歌詞が記憶に残る。

なお、"the Great Mississippi Flood of 1927"に巻き込まれた黒人は、20万人以上が避難することになったのだが、多くの地域で、誰もが避難しようと向かった高台は「黒人立ち入り禁止」とされていた。パットンはこの"High Water Everywhere"で、

I would go to the hill country, but they got me barred.
（高いところに行きたいが、奴らは俺を締め出しやがってる）

と、残忍なことにも触れているのである。

　また、イギリスの伝説的ロックバンド、レッド・ツェッペリンのカバー・ヴァージョンで一般的に知られているブルース曲 "When the Levee Breaks"（「堤防が決壊するとき」／作詞・作曲：メンフィス・ミニー〈Memphis Minnie〉、カンザス・ジョー・マッコイ〈Kansas Joe McCoy〉／1929年）もその大洪水による黒人の悲哀を描写する。

　その上、この歌は "the Great Mississippi Flood of 1927" によって "The Great Migration"（「黒人の大移動」＝1910～1970年に続いた、およそ600万人もの黒人が南部の農業地帯から、主に北部の大都会への移動）に一層拍車がかけられたこともほのめかす。

It's a mean old levee, cause me to weep and moan.
Gonna leave my baby and my happy home.
（俺を泣かせたり、うめき声を上げさせる酷い堤防だ。俺は、好きな女も故郷も捨てて他へ行ってしまおう）

ハリケーン・カトリーナの悲哀を歌う

　2005年8月末に、大型のHurricane Katrina（ハリケーン・カトリーナ）がアメリカの南東部を襲い、ルイジアナ州が特に大きな被害を受けた。中でも、その州最大の都市であるニューオーリンズは、陸上面積の8割が水没してしまった。

　同年9月2日には、ハリケーン・カトリーナ被災者救援のための"A Concert for Hurricane Relief"というチャリティーコンサートが全米で生放送され、そこで、生まれも育ちもニューオーリンズで、自宅もカトリーナによって全壊してしまった歌手アーロン・ネヴィルが"Louisiana 1927"（「ルイジアナ州、1927年」）という歌を歌った。

　もともとシンガー・ソングライターのランディ・ニューマンによって1974年にリリースされた曲であるが、アーロン・ネヴィルがそのコンサートで歌ったヴァージョンは、すぐにハリケーン・カトリーナの悲哀のシンボルになった。

　"Louisiana 1927"は、言うまでもなく、"the Great Mississippi Flood of 1927"についての歌ではあるが、まさに東日本大震災の悲哀まで思い起こさせる、次のような歌詞がある。

　　Some people got lost in the flood – some people got away all right. / Louisiana, Louisiana, they're

trying to wash us away.
(洪水で命を奪われた人もいれば、何とか逃れた人もいた。／ルイジアナよ、ルイジアナよ、俺たちルイジアナ人を押し流そうとしている)

　いつもは過激とも言えるほど、皮肉たっぷりな歌詞を書くニューマンが、この曲では率直に洪水の脅威を歌っている。

10 日本語の人間味あふれる擬態語世界

Hear the sledges with the bells——
Silver bells!
What a world of merriment their melody foretells!
How they tinkle, tinkle, tinkle,
In the icy air of night!
　—— Edgar Allan Poe, "The Bells"

鈴の付いた橇(そり)が駆ける音を聞け——
銀の鈴だ!
その音はなんて楽しい世界を予告するのか!
リン、リン、リン、と鳴り続ける
凍るような夜の空気の中で!
　—— エドガー・アラン・ポー「鈴」

I waited until it was time to worry and listened for Mr. Radley's shotgun. Then I thought I heard the back fence squeak.
　—— Harper Lee, *To Kill a Mockingbird*

私は怖くなるギリギリまで、ラドリーさんのショットガンの音を待った。それから、私は柵がキーと鳴る音を聞いたと思った。
　—— ハーパー・リー『アラバマ物語』

「家」をどう英語に訳すか？

　邦画『家族ゲーム』(1983年) は、中学生の主人公、茂之の、
　　「家中がピリピリなっててすごくうるさいんだ」
というナレーションで始まる。ごくふつうの日本語に過ぎないが、英語では真似のできない日本語表現の好例でもある。なぜそうなのかは、和文英訳問題として考えてみれば分かるであろう。
「家中がピリピリなっててすごくうるさいんだ」を英訳する場合、まず、主語となっている「家中」をThe whole houseにするか、それともThe whole familyにするか、という問題がある。

　これをどう選択するかによって「家中が……」に続く「ピリピリなってて」の英訳が異なるのだ。具体的に言うと、The whole houseを選んだら、家という空間全体に緊張した雰囲気が漂っているということになるので、

　　The whole house had a tense atmosphere....
のような英語表現になるが、これに対して、The whole familyを選んだら、空間の雰囲気ではなく、人の気持ちの話になるので、

　　The whole family was on edge....
　　（家の皆がピリピリになっていて……）
のようになるのである。

10　日本語の人間味あふれる擬態語世界

「ピリピリ」しているのは誰か？

次に決めなければいけないのは「うるさい」という形容詞の英訳であるが、残念ながら、英語にはちょうど当てはまる形容詞がない。機械翻訳を使ったら、どんな文脈でも「うるさい」は noisy（騒がしい）とされてしまうだろうが、ここでは、いわば「口やかましい」といったような意味を表す英語にしたいところだ。

そのつもりで「すごくうるさい」の英訳として、たとえば、hypercritical や much too overly fussy about things などのような言い方が考えられるが、語感が違い過ぎてあまり合わないので、結局、適当な"妥協"が必要となってくる。

また、さらに深い問題もある。「家中」の中でも一番ピリピリした状態になっているのは受験勉強中の茂之本人だが、「すごくうるさい」のは、茂之以外の家族だ。茂之自身は「うるさい」というのではなく、「うるさがっている」のである。そこで、英訳ではさらに工夫しないといけない。というのも、「ピリピリなってて」の主語と「うるさい」の主語を、別々のものにする必要があるのだ。

私なら、

The whole family was on edge, and everybody was always giving me a really hard time.

などのように「意訳」するが、決して満足できるもの

ではない。何といっても、「ピリピリ」という擬態語のフィーリングを英語では真似できないのが不満なのである。

「おっとり」との出会い

英語には**擬態語**がまったくないというわけではないが、すぐには思いつかない。よく考えれば、たとえば、fluffy（ふわふわした）やwoozy（くらくらした）などあるが、やはり、日本語ほど頻繁には使われないだろう。

「ペラペラ」「すらすら」「すいすい」「つるつる」「ずるずる」「すべすべ」「べったり」「べっとり」「べたべた」「べとべと」等々無数にある日本語と比べると、いささか乏しいと認めざるを得ない。人間味あふれる擬態語が豊富にある日本語は、本当にうらやましい。

とはいっても、決して私が日常生活でそうした日本語を巧く使っているわけでもない。一度、たとえば「まあ、ぼちぼちといったところですね」とか「ぼちぼち行こうか？」とかいうような言い方を覚えれば、自分も使ってみようと思うが、初めて「新しい」擬態語に出会うと、音だけで意味が想像できるケースはめったにない。

たとえば、些細な例だが、昔、中勘助の自伝的小説『銀の匙』（1921年）を初めて読んだときに、

> 落ちつきのない長い顔の馬よりもおっとりして舌なめずりばかりする丸顔の牛のほうが好きであった。

という、子どもの目から見た描写の文に出会った覚えがある。私にとっては初めての「おっとり」だった。

よく見れば、その前の「落ちつきのない」と対比されているように推量できるが、音だけでは意味を想像することができなかったのである（ちなみに辞書で調べると、英語で「おっとり」に近いのはplacidだということが分かった）。

「ぷにぷに」か「ぷにゅぷにゅ」か

初めて「ぷにぷに」という擬態語を耳にしたときも覚えている。一般の日本人がどのように使っているかを調べようと思い、グーグルで検索してみると、「ぷにゅぷにゅ」という言い方も出てきた。私の持っている辞書によると「ぷにぷに」は「柔らかく弾力がある感じ」だそうだが、「ぷにゅぷにゅ」は載っていなかった。そこで、女性の知り合いに訊いてみた。「《ぷにぷに》に比べると、《ぷにゅぷにゅ》のほうが柔らかいとか弾力が強いとか、そういう違いかな」と私。

「いや、そうではなく、《ぷにぷに》は、たとえば、赤ちゃんの肌とかグミキャンディーとか人間にも物にも使うけれど、《ぷにゅぷにゅ》は食べちゃいたいく

らいかわいいといった感じで、私は、物にしか使わないわね」と彼女。

　日本語の擬態語は永遠の愉しい学習になりそうだ。

英語の擬音語を考える

　英語を母語とする日本語学習者にとって、**擬態語**に比べたら、「バタバタ」や「ガタガタ」「ザアザア」のような**擬音語**のほうがはるかに分かりやすい。**擬音語**は、英語も含めて、どの言語にもよくあるものであろう。

　英語の場合、たとえば、アメリカ育ちの子どもならよく知っているはずの **choo-choo** train（汽車ぽっぽ）の **choo-choo**（シュッシュッ。英語の発音は「チューチュー」に近い）がその典型になる。

　小児語ではあるが、グレン・ミラーのビッグ・バンドのスタンダード・ナンバーである "Chattanooga **Choo Choo**" やルイ・ジョーダンのジャンプ・ブルースのスタンダード・ナンバーである "**Choo Choo Ch'Boogie**" という曲があるように、大人が愉しく使う言葉でもある（擬音語・擬態語が用いられる英語の曲名では、なぜかハイフンを省略した表記が多い）。

　擬音語が用いられる曲名と言えば、まず映画『オズの魔法使い』（*The Wizard of Oz*; 1939年）にある歌 "**Ding-Dong**! The Witch Is Dead"（「**鐘を鳴らせ！悪**

い魔女は死んだ！」）を連想する。ここでの"Ding-Dong!"は、何かお祝いするときに町中の教会の鐘を大きく鳴らすという慣習を示しており、魔女が死んでいることをこのように祝っているのは、『オズの魔法使い』によく見られるブラックユーモアの一例である。

似たような英語の**擬音語**として、たとえば、大時計の音を表す**tick-tock**（カチカチ。英語の発音は「ティックトック」に近い）や、卓球を表す**ping-pong**（ピンポン。英語の発音は「ピングポング」に近い）、足音・雨音などを表す**pitter-patter**（パタパタ。英語の発音は「ピターパター」に近い）など、いろいろ挙げられるが、面白いことに、英語の柔軟性によって、下記のように、どれもそのまま動詞として使うこともある。

Mariko waited with an impatient look as the clock slowly **tick-tock**ed behind her.
（後ろの時計が**カチカチ**とゆっくり**進んでいく**間、まり子はじれったそうに待っていた）

He **ping-pong**s between the home office and the Abiko branch.
（彼は本社と我孫子支店を**行き来する**）

The children **pitter-patter**ed down the hall.
（子どもたちは、廊下をパタパタと行った）

「ちっちゃなクモさん」を表す擬態語

　一方、**擬態語**と言えば、なんといっても、1960年に大ヒットしたノベルティ・ソング"**Itsy Bitsy Teenie Weenie** Yellow Polkadot Bikini"を連想する。曲目の意味は「ちっちゃな、ちっちゃな、黄色いポルカドットのビキニ」であり、日本で同年にリリースされたダニー飯田とパラダイス・キングのカヴァー・ヴァージョンの題名は、1960年の日本らしく、「ビキニスタイルのお嬢さん」であった。

　一般の日本人英語学習者が初めて**itsy-bitsy**のような擬態語に出会うと、音だけで意味が想像できるだろうか。little **bit**（小片）から生まれたらしい**itsy-bitsy**という小児語は、まず、押韻するので、小さい子どもにも覚えやすい。

　また、**itsy**と**bitsy**のいずれも"**-y**"（発音は「イ」という母音）で終わるので、英語の感覚では、優しく、馴染みやすいような語感もあるAnn（アン）→Annie（アニー）やFred（フレッド）→Freddy（フレディ）のような愛称の作り方にも同じ感覚が見てとれる。

　英語圏では小さな子ども向きの"Itsy Bitsy Spider"（「ちっちゃなクモさん」）という伝承童謡は依然として人気が高く、小さな子どもと一緒に手遊びをしながらよく歌うものである。

10　日本語の人間味あふれる擬態語世界

Itsy Bitsy Spider
The **itsy-bitsy** spider（ちっちゃなクモさんは）
climbed up the waterspout.（雨どいに登った）
Down came the rain（雨が降ってきて）
and washed the spider out.（クモさんを流し出してしまった）
Out came the sun（太陽が出てきて）
and dried up all the rain,（雨水を蒸発させたら、）
and the **itsy-bitsy** spider（ちっちゃなクモさんは）
climbed up the spout again.（また雨どいに登った）

ちなみに、上記の "Itsy Bitsy **Teenie Weenie** Yellow Polkadot Bikini" の **teenie-weenie** も同じく、押韻する、「イ」という音で終わる小児語なのである。

「子ども向き」ではない擬態語

なお、押韻する英語の**擬態語**の中に、小さい子ども向きでないものも珍しくない。下記の言い方がその典型になる。

I was surprised to see hundreds of squirrels running **helter-skelter** all around the park.
（数百匹ものリスが公園中を**慌て**ふためいて走り回っているのを見て、私はびっくりした）

His thoughtlessly rash tweet created a political **hurly-burly**.
(彼の軽率なツイートは、政治的**大騒ぎ**を引き起こしてしまった)

The enemy forces retreated **pell-mell**.
(敵軍は**乱雑**に退却した)

What on earth is all the hubbub?
(いったい何の**騒ぎ**だよ?)

Don't talk such **claptrap**!
(そんな**たわごと**を言うな!)

She said her lines in a **hoity-toity** mid-Atlantic accent.
(彼女は、**気取**った英米折衷訛りでセリフを言った)

He always takes a **namby-pamby** attitude toward troublemakers.
(彼は、厄介者に対してはいつも**優柔不断**な態度を取る)

最後に、英語の**擬態語**には、vowel alternation(母音転換)というもう一つの種類がある。例として、

If you **dilly-dally** this way over the manuscript, you'll miss the deadline.
(こんなに原稿書きを**ぐずぐず**すると、締め切りに遅れてしまうよ)

While my boss was **shilly-shally**ing over a countermeasure, we lost the chance to solve the problem
（上司が対策を**ためらっている**うちに、私たちは問題解決のチャンスを逃がしてしまった。

Atsushi said my essay was just a **mishmash** of banal opinions.
（私のエッセイは陳腐な意見の**ごた混ぜ**に過ぎない、と厚志は言った）

などのようなものがある。これは**dilly-dally**（ぐずぐずする）や**shilly-shally**（ためらう）、**mishmash**（ごた混ぜ）のように、一つの母音から別の母音に（この場合は、「イ」から「ア」へ）に転換してできるものが挙げられる。

このようにしてリストアップしてみると、英語の**擬態語・擬音語**は意外と多くあり、日本語の「ピリピリ」や「ぷにゅぷにゅ」に負けないくらい愉しいものではないかと思えてきた。

11 英語と日本語の
　　世代間ギャップを考える

Every generation laughs at the old fashions, but follows religiously the new.
　—— Henry David Thoreau, *Walden*

どの世代も古めかしいものをあざ笑うが、新しいものには宗教でもあるかのように従う。
　—— ヘンリー・デイヴィッド・ソロー『ウォールデン』

Ideals, conventions, even truth itself, are continually changing things, so that the milk of one generation may be the poison of the next.
　—— F. Scott Fitzgerald, *A Short Autobiography*

理想、慣習、真実さえも、常に変わるものである。だから、一つの世代にとってのミルクは、次の世代の毒になりうる。
　—— F・スコット・フィッツジェラルド『短い自伝』

ベビー・ブーマー世代の憤り

　生まれも育ちもアメリカなので、当然のことながら、私はgeneration（世代）という語を耳にしたり読んだりすることが多かった。小さい頃にはgenerationといっても、自分とは特別に関係のない、ただの言葉に過

ぎなかったのだが、初めて自分にとって大きな意味があるように感じられたのは、ティーンエージャーになってからの1960年代であった。その頃、アメリカ社会における著しい"generation gap"（ジェネレーション・ギャップ、世代間の断絶）が大きな話題になってきたのだ。

親の世代との価値観の隔たりを以前から感じていても、その気持ちを表す言葉がなかっただけだったので、generation gap という言い方を初めて聞いたときに、「なるほど」と納得した。とりわけ、我々白人のbaby boomer（ベビー・ブーマー）たちは、経済的に十分ゆとりがある人間にしかもてない理想主義を抱いており、親の世代の「偽善」をひどいものと見なしていた。

特に人種差別とベトナム戦争に対する偽善が許せなかった。アメリカに深刻な道徳的問題があるのに、何の問題もないかのような態度を続けていた親の世代がアメリカをダメにしてしまっている、と。

「1946～1964年の間に生まれたアメリカ人」と一般的に定義されるアメリカの baby boomers に当たる日本人は、「団塊の世代」となるのだろうと私はずっと思っていた。しかし日本の「団塊の世代」が1947～1949年の間に生まれた日本人であると一般的に定義されているのに気づいたのは、ほんの数年前のことだ。

Lost Generation は「失われた世代」か？

　英語の generation は、ふつう10年前後の期間を示すことが多いので、たった3年間だけで一つの世代になるのか、と、そのとき疑問に思ったものだが、考えてみれば、"〜 Generation" という英語のネーミングにも同じ短さが見られる。例として挙げたいのは、"The Lost Generation"（途方に暮れてどうしようもない世代）だ。

　この言い方を有名にしたのは、小説家のアーネスト・ヘミングウェイである。1926年に出版された彼の長編小説 *The Sun Also Rises*（『日はまた昇る』）の題辞（epigraph）が、

　　You are all a lost generation.
　　　——Gertrude Stein
　　（あなたたちはみな、途方に暮れてどうしようもない世代なのよ。
　　　——ガートルード・スタイン）

となっていたのがそのきっかけであった。この言葉はもともと作家ガートルード・スタインがヘミングウェイに直接言った、と伝えられているが、その真偽をなかなか確かめられない伝説である。

　この *The Sun Also Rises* の出版以降、"The Lost Generation" と言うと、第一次世界大戦後ヨーロッパに残った、あるアメリカ作家の一群を指すことになっ

た。また、広義では、戦争のむごさに直面して、これまでの宗教的・道徳的価値観がまったく無意味になり虚無に陥った世代を一般的に指し示すこともある。

lostという形容詞化した過去分詞は、"Atlantis: a lost civilization"（アトランティス：失われた文明）のような意味もあれば、"a lost child"（迷子）のように、道に迷って正しい行き方が分からなくなったという意味もある。

なぜか日本ではスタインのlost generationは伝統的に「失われた世代」と訳されて、人口に膾炙してきているようだが、これで意味がすうっと入ってくる日本人ははたして何人いるだろう。本当は「人生の迷子になった世代」を示しているのである。

高見浩の『日はまた昇る』の優れた新訳（2000年／角川春樹事務所）では、前述の題辞は「あなたたちはみんな、自堕落な世代なのよね」となり、「自堕落な世代」には「ロスト・ジェネレーション」という振り仮名が付けられている。こうした訳し方によって、この世代のもう一つの特徴がうまく表現されている。

被害者イメージのないジェネレーションX

ちなみに、話がだいぶ軽くなるが、1991年に出版された、カナダの作家ダグラス・クープランド（Douglas Coupland）の長編小説 *Generation X: Tales for an*

Accelerated Culture（『ジェネレーションＸ——加速された文化のための物語たち』）によって、もう一つの「世代ネーミング」が有名になった。

一般的に1980年代に成人した世代を表す"Generation X"を辞典で引けば、「1961～1971年に生まれた世代」という説明以外に「ベビーブーム世代に比べ就職などの機会が少ない世代」や「失業と不況に苦しめられた世代」「高い教育を受けながら就職の機会に恵まれず将来の展望を持ちえない世代」などのように「被害者」のイメージにあふれた追加説明にも出会う。

情報としては確かであるが、英語圏では、むしろ"The Lost Generation"にもあったような"disaffected and directionless"（不満感を覚え、目標をもっていない）という説明がふつうだ。つまり否定的ではあるが、被害者のイメージは特にないのである。

なお、補足すると、第一次世界大戦によって「失われた世代」と言えば、膨大な数の若者が無意味に戦死した世代を示し、英語では、"the generation Lost in the First World War"となる。

混同される現在分詞と過去分詞

このような文章に見られる **lost** と **accelerated** と **disaffected** という三つの英語は、どれも**形容詞化した過去分詞**である。こうした用法は、たとえばa lost chance→「**失われた機会**」や**accelerated** electrons→「**加速させられた電子**」、**disaffected** youth→「**不満を抱かされた若者**」などのように、日本語の**受動態**を使って直訳して意味が理解できるケースが多い。

直訳がベストかどうかは文脈次第であり、上記の「**加速させられた電子**」は「**加速した電子**」、「**不満を抱かされた若者**」は「**不満を抱いた若者**」のほうが自然かもしれない。

英語の側面で考えてみれば、**受動態**の使用は当然のことである。というのも、**lose**や**accelerate**、**disaffect**などの他動詞を、

> The machine **accelerates** electrons.→Electrons **are accelerated** by the machine.
> (その機械は電子を**加速させる**。→電子はその機械によって**加速させられる**)

というような「be動詞＋**過去分詞**」にして文をこしらえれば、典型的な英語の**受動態**の用法ができあがるのだ。

日本人はかなり早い段階（ふつうは中学生）で、英語の「分詞用法」について学ぶようだが、意外に使いこなせていないようだ。一般の日本人大学生が書いた英作文を読むと、たとえば、「来週、鹿島アントラーズの試合を観に行くので、僕はわくわくしている」のつもりで、

> Next week, I am going to go to a Kashima Antlers game, so I am very **exciting**.
>
> (来週、鹿島アントラーズの試合を観に行くので、僕は人を**わくわくさせる**人間だ)

のように書いたり、「先週、鹿島アントラーズの試合を観に行った。わくわくするような試合だった」のつもりで、

> Last week, I went to see a Kashima Antlers game. The game was very **excited**.
>
> (先週、僕は鹿島アントラーズの試合を観に行った。その試合が**わくわくしていた**)

のように書いている文に出会うことが頻繁にある。これは単に書き手が、使っている「**形容詞化した現在[過去]分詞**」の「元」となる**他動詞**(ここでは excite)の本来の意味を把握していないことに加えて、その意味を英和辞典で確認していないだけの話だろう。辞書を引く労を惜しまなければいいという単純な問題であり、少し気をつければ上述のような文が生まれてくるはずはないのだ。

　なお、私の経験では、「誰もがよく知っているだろうと思われる」形容詞が使われている英文ほど、"The game was very **excited**." のような問題が生じてくる。具体的な例として、**interesting** と **interested** が挙げられる。信じがたいことかもしれないが、大学生になっ

ても、英作文で、

 I am very **interesting** in music.
 (音楽の中には、私は**興味深い**人間だ)

や、

 The music was very **interested** to me.
 (私にとって、その音楽は深い**興味**をもっていた)

のようなセンテンスを書く人は少なくないのである。

　おそらく、interestという英語に関して、「**興味**」や「**関心**」という**名詞**としての意味はきちんと理解しているが、「**興味をもたせる**」や「**関心を引く**」を意味する**他動詞**としてのinterestに関する意識は極めて薄いのだろう。

　あるいは、「誰もがよく知っているだろうと思われる」relaxingとrelaxedという**形容詞化した分詞**についても同じことが言える。

 I think this hot spring is very relaxed.
 (この温泉は非常に**ゆったりした気分になっている**、と私は思う)

や、

 I get very **relaxing** in this hot spring.
 (この温泉に入っているとき、私は**人の気分をゆったりさせる人間**になる)

のような文を見かけると、この文の書き手は「**気分をゆったりさせる**」を意味するrelaxが**他動詞**であると

いう意識がゼロかもしれない、と私は想像するのである。

電子辞書のすすめ

　私が毎日使っている電子辞書には、国語辞典や百科事典、和英辞典以外に、四つの英和辞典と、ネイティヴ・スピーカー向きの英英辞典も一つ収録されている。電子辞書ほど便利なものはなく、用例までちゃんと参照しながら活用すれば、

　　Next week, I am going to go to a Kashima Antlers game, so I am very **excited**.
　　（来週、鹿島アントラーズの試合を観に行くので、**僕はわくわくしている**）
　　Last week, I went to see a Kashima Antlers game. The game was very **exciting**.
　　（先週、僕は鹿島アントラーズの試合を観に行った。**わくわくするような試合だった**）
　　I am **very interested** in music.
　　（私は、音楽に**深い興味をもっている**）

や、

　　The music was **very interesting** to me.
　　（その音楽は私にとって**とても興味深いものだった**）
　　I think this hot spring is very **relaxing**.
　　（この温泉は、入ると人が非常に**ゆったりした気**

分になると私は思う)

I **get** very **relaxed** in this hot spring.
(この温泉に入っているとき、私は非常に**ゆったりした気分になる**)

のような、伝えたい意味が伝わる英文を書くことが容易になるのである。

12 『細雪』と *The Makioka Sisters*

Without translation, I would be limited to the borders of my own country. The translator is my most important ally. He introduces me to the world.
—— Italo Calvino

翻訳がなければ、私は自国の国境内に閉ざされてしまうだろう。翻訳者は私の最も重要な盟友だ。翻訳者は私を世界に紹介してくれるのだ。
—— イタロ・カルヴィーノ

It is better to have read a great work of another culture in translation than never to have read it at all.
—— Henry Grattan Doyle

他文化の偉大な作品を翻訳で読んでしまったほうが、まったく読まないよりはいい。
—— ヘンリー・グラットン・ドイル

I want my words to survive translation.
—— Kazuo Ishiguro

翻訳されたあとも私の言葉が生き延びてほしい。
—— カズオ・イシグロ

英語で読んだ『細雪』

　私が初めて日本語を学習しようと思ったのは、アメリカの大学でEnglish Literature、つまり、英米文学を専攻していた頃である。大学では、英米文学以外にもWorld Literature（世界文学）という英語圏以外からの作品を英訳で読む授業もあり、そこで*The Sound of the Mountain*（『山の音』／川端康成）や、*Confessions of a Mask*（『仮面の告白』／三島由紀夫）などの近代日本文学の作品に出会い、魅了された。そして、その授業の先生に「原文で読めばさらに面白い」と言われたので、「じゃ、勉強しよう」と思い立って日本語の独学をやり始めたのである。

　印象的な小説が実に多かったが、中でも谷崎潤一郎の作品が特によかった。谷崎は、当時アメリカでは、『痴人の愛』『鍵』のような性的なフェティシズムがテーマの小説が話題を呼んでいたが、『細雪』をはじめ、川端康成と並んで文章の美しさが評価されるべき作家だろう。作品の質と量を考えても、ノーベル文学賞を獲るべき存在だったとも思う。

　なお、エドワード・G・サイデンステッカーによる『細雪』の翻訳 *The Makioka Sisters* はかなり素晴らしく、英語でも作品を十分堪能した覚えがある。

　大阪船場の旧家の四姉妹を中心とし、その日常が壮大なスケールで描かれているこの作品には、美しい風

景描写や緊張感のある人間ドラマのほかにも、皮肉とユーモアがたっぷり詰まっている。次女幸子の夫・貞之助は谷崎がモデルと言われているが、谷崎は自分の矛盾している内面を貞之助に投影しているようで面白く読めた。

サイデンステッカーの英訳を読む

　当時は気づかなかったが、この作品をのちに原書で読んだときに感じたのは、日本語らしい表現や文体を訳すことが本当に難しいということだ。

　たとえば方言の問題がある。『細雪』の魅力の一つに、東京生まれの谷崎が書く大阪弁と、時折出てくる東京弁の対照があると思う。冒頭のあたりが、英語でどう表現されているかというと、

　（原文）

「こいさん、頼むわ。──」

　鏡の中で、廊下からうしろへ這入って来た妙子を見ると、自分で襟を塗りかけていた刷毛を渡して、其方は見ずに、眼の前に映っている長襦袢姿の、抜き衣紋の顔を他人の顔のように見据えながら、

「雪子ちゃん下で何してる」

と、幸子はきいた。

「悦ちゃんのピアノ見たげてるらしい」

(英訳)

"Would you do this please, Koi-san?"
Seeing in the mirror that Taeko had come up behind her, Sachiko stopped powdering her back and held out the puff to her sister. Her eyes were still on the mirror, appraising the face as if it belonged to someone else. The long under-kimono, pulled high at the throat, stood out stiffly behind to reveal her back and shoulders.
"And where is Yukiko?"
"She is watching Etsuko practice," said Taeko.
<u>Both sisters spoke in the quiet, unhurried Osaka dialect. Taeko was the youngest in the family, and in Osaka the youngest girl is always "**Koi-san**," "small daughter."</u>
(下線部訳：二人の妹は、静かでゆったりとした大阪弁で話した。妙子は末子であり、大阪では末娘はいつも「こいさん」=「小さな娘」と呼ばれるのだ)

というふうになっている。

英訳の下線が付いている二つの文は、原書にはまったくない説明的な文章だ。しかたがないといえばそれまでだが、やはり原文に比べると無味乾燥な感じが出

てしまう。

　なお、「長襦袢姿の、抜き衣紋」という和服についての簡潔な描写は、下線部の日本語のいずれにもちょうど当てはまる英語がないため、とても訳しにくいものだが、サイデンステッカーの、

> The long under-kimono, pulled high at the throat, stood out stiffly behind to reveal her back and shoulders.
> （長襦袢の襟がのど元から高く引き上げられ、背中と肩が見えるほど後ろにピンと立っていた）

は、説明的であってもまったく気にならない。正確に表現されていて、イメージがきれいに浮かんでくるのである。が、その前の「刷毛」のことがpuff（化粧用のパフ）とされているところは、語彙の選択としていささか残念に思われる。確かに欧米ではパフを使っておしろいをつけることが多いかもしれないが、powder brush（化粧用刷毛）を使うこともよくあるので、brushにしてもよかった、と私は思うのだ。

英語のタイトルにはできない細雪

　ところで、そもそも『細雪』というタイトルは日本語としては完璧だと思うが、英題の *The Makioka Sisters*（蒔岡姉妹）は、日本語の『細雪』と比較すると、魅力的ではないと感じる日本人もいるようだ。その気持

ちはよく分かる。しかし、「細雪」という語の定訳である「light snow（直訳：軽い雪）」は、残念ながら英語ではタイトルとして魅力あるものにはなり得ない。これでは英語圏の人は買う気にならないだろう。

「細雪」という語は、通常「細かに降る雪。また、まばらに降る雪」と定義されるが、これにもちょうど当てはまる英語の名詞がない。「細かに」はfinelyと考え、英題を *Finely Falling Snow* にする手もあるだろうが、小説のタイトルというより、絵画のタイトルといった感じになってしまう。一方、「まばらに」はscatteredと考え、英題を *Scattered Snowfall* にする手もあるだろうが、小説のタイトルというより、天気予報のアナウンサーが使う表現そのまま、といった感じになってしまう。

もちろん、「ささめ」という古く、軟らかく、美しいフィーリングの部分も英語ではなかなか真似できず、季語としての「細雪」の存在も英語では伝達できない。そしてなによりも、『細雪』というタイトルと主人公の雪子との関連を英語で暗示することは不可能だ。美しい雪子は、周りから見ると、はっきりせず、本心が見えなくて、思いがけない反応を示す繊細な日本女性であり、谷崎はそういったところにたとえてタイトルを付けたと思われるが、英訳でYukikoという名前が出てきても、snowを連想することは当然あり得ない

のである。

それに対して、*The Makioka Sisters* というタイトルを見ると、英語圏の人間は、少なくともチェーホフの *Three Sisters*（『三人姉妹』）を連想し、幾分かの興味を持つと考えられる。

英訳から学ぶ疑問文のニュアンスの違い

英訳をする難しさはさておき、サイデンステッカー訳を原書と比べながら読めば、十分に英語の勉強になる。

まず、英語の質問の作り方を考えてみよう。たとえば、「彼女は出席できます」（**She can** attend）を「彼女は出席できますか?」という単純な質問にすれば、その英訳は "**Can she** attend?" のように、主語と助動詞が倒置されるが、これに対して、「彼女は出席できるの［ん］ですか?」のように確認を求めるときには、その英訳は "**She can** attend?" のように倒置されない疑問文になる。

逆に言えば、たとえば、倒置された "**Don't you** know?" なら「知りませんか?」という日本語になるのに対して、倒置されない "**You don't** know?" は「知らないんですか?」という日本語になる。

これは、日本の学校英語では一般的に教わらない用法かもしれないが、サイデンステッカー訳を原書と比

べながら読めば、

「御気分がお悪いんじゃない?」と、下妻夫人が聞いた。

"**You're** still not feeling well?" asked Mrs. Shimozuma.

「それでは何処ぞ、旅行でもなすっていらっしゃいましたの」

"**You have** been traveling since you came back?"

「本願寺はああ云う建物になりましても、やっぱり鐘を鳴らすのでございましょうか」

"**They** still **ring** bells in the Honganji, do they, even now that they have put up that odd building?"

のような例に出会うことが非常に多い。こうした例を見れば、通常の疑問文とは違って「の」や「ん」が入っていて、確認を求めている日本語を英語で表す場合、主語と述語(または述語の助動詞)は**倒置されない**ことがよく分かるはずだ。

なお、「本願寺はああ云う建物になりましても、やっぱり鐘を鳴らす**の**でございましょうか」という質問に続く対話で、

「はあ、そうであんすの」

"Oh, they do indeed." Mrs. Sagara even managed to give that phrase her own elegant accent.

「何だかサイレンでも鳴らしそうだわね」

"It **would be** more appropriate if they were to blow a siren."

の例も参考になる。おそらく、「何だかサイレンでも鳴らしそうだわね」を "It seems like they'll even blow a siren or something." のように直訳するよりも、上記のように**仮定法**の would be を使って「サイレンを鳴らしたほうがまだマシだ」という意味を表す英訳にしたほうが自然に感じられる、とサイデンステッカーは判断したのだろう。

また、原文のセリフに感じられる皮肉もこの訳で十二分に伝わるのである。いずれにしても、文章を書くときも、会話を交わすときも、英語ではこうした**仮定法**の使い方は実に頻繁に用いられるものだ。

ちなみに、「はあ、そうであんすの」という魅力的な表現も英語では、

Mrs. Sagara even managed to give that phrase her own elegant accent.

（相良夫人は、その言葉を独特の上品な口調で言ってみせもした）

という「解説」を付けなければならない。

ところで、学校英語で教わるはずなのに、なぜか日本の大学生が書いた英作文にはなかなか出てこない**「be to ＋動詞の原形」**（〜することになっている）と

いう用法も、サイデンステッカー訳では分かりやすい例に出会うことがある。この形は、たとえば、

> 「私が専ら案内役を承ったんで、何か御覧になりたいものはって云ったら、阪神間の代表的な奥さんに会わせろって仰しゃるの」
>
> "**I'm to show** her around. I asked her what she wanted to see, and she said she'd like to see a typical Osaka lady."

のように、ふつうに用いられている。"I'm to show her around."（私は、彼女を案内してあげることになっている）は、英語の大事な用法である「**be to ＋動詞の原形**」の典型なのだ。

13 死を表すおすすめの婉曲表現

I do not fear death. I had been dead for billions and billions of years before I was born, and had not suffered the slightest inconvenience from it.
—— Mark Twain

私は死を恐れない。生まれる前に何十億年にもわたって死んでいて、いっさいの不都合を感じなかった。
—— マーク・トウェイン

Each night, when I go to sleep, I die. And the next morning, when I wake up, I am reborn.
—— Mahatma Gandhi

毎夜、眠りにつくとき、私は死ぬ。そして次の朝、起きたとき、私は生まれ変わるのだ。
—— マハトマ・ガンディ

Death is no more than passing from one room into another. But there's a difference for me, you know, because in that other room I shall be able to see.
—— Helen Keller

死とはある部屋から隣の部屋に行くことに過ぎない。しかし、私には違いがある。その隣の部屋で私は視力をもつことができるはずだから。
—— ヘレン・ケラー

「臨終」という言葉への違和感

　昔、来日して間もない頃の話である。ホームドラマを観ていたところ、「おばあちゃん」という登場人物が病床で臥せっている場面があった。そこで、家族がじっと見守る中、付いていた医者が「ご臨終です」という典型的なセリフを言ったのである。その日本語を生まれて初めて聞いた私は、少しばかり驚きを覚えた。

　そばにいた女性たちが急に泣き出した様子から、「ご臨終です」はおそらく「死にました」の婉曲語だろうと想像できたのだが、「りんじゅう」はいったいどの漢字をあてるのだろうと思った。即座には、「隣住」と「林住」という組み合わせしか思いつかなかった。「隣住」なら、たとえば「（この世の）隣（にあるあの世）に住むようになった」というようなことも考えられるし、「林住」なら、何となく「淋」という字を連想する「（あの）林に住むようになった」といった感じの婉曲語かもしれない、と考えたのだ。

　その後、和英辞典で調べてみて「臨終」であることがわかったのだが、「なんだ、この字だと、終わりに臨んでいるだけで、まだ終わってないじゃないか」と納得はいかなかった。

awayとonの微妙な違い

　当然のことだが、英語圏でもdeath（死）やdie（死ぬ）、

dead（死んでいる）などの「直接的な表現」をなるべく避けるケースが多い。前述の「"おばあちゃん"の病床」のような場面なら、医者は絶対に "She is dead."（死んでいます）や "She died."（死にました）などとは言わない。死亡が確認された場合には、たいてい、

 She has gone.
 （逝ってしまいました）

のような表現を使うのである。

 また、そうした「その場の宣告」ではなく、たとえば「祖母は去年亡くなりました」というように、後で話す場合であれば、pass（過ぎ去る）という動詞が最も頻繁に用いられる。ただ、このpassはたいてい**away**か**on**という副詞と組み合わされるものであり、「祖母は去年亡くなりました」なら、

 My grandmother passed **away** [**on**] last year.

というのがふつうだ。そして、awayかonかによって意味は変わらないが、フィーリングは微妙に違う。

 awayは、たとえば、

 He ran **away** from the crime scene.
 （彼は犯行現場から逃げ去った）
 The dirt was washed **away** by the rain.
 （その汚れは雨に洗い流された）

のように、「その場とは繋がっていない、離れたところへ」という意味を表すことが多い。そこで、passed

awayだと「この世とは離れたところへ行きました」といったようなフィーリングになる。

こうしたawayに対して、onは、たとえば、

Let's move **on** to the next topic.

(次の議題に移りましょう)

She plans to go **on** for a Ph. D.

(彼女はさらに博士号を目指す予定です)

のように、「前方に、先へ、次へ進んで」という意味を表すことが多い。そこで、passed onだと「来世へと進んでいきました」といったようなフィーリングになる。

overを使った不気味な表現

pass **away**と pass **on**のいずれにしても、優しく、柔らかく、無難な言い方であるが、時々耳にする、私にとってささか気持ち悪い組み合わせもある。一つは、pass **over**だ。**over**は、たとえば、

Non-stop flights from Helsinki to Tokyo pass **over** Siberia.

(ヘルシンキ発東京行きの直行便はシベリアの上を通る)

She helped me **over** the pedestrian crossing.

(彼女は私に手を貸して横断歩道を渡った)

のように、「~の上を(通って)、~の向こう側へ」の

意味を表すことが多い。もし、

　　My grandmother passed **over** last year.
と言われたら、「この世とあの世を結ぶ橋を渡った」というようなイメージが思い浮かんでくる。対面通行ができるような橋だ。pass **over**は、まるで降霊会を連想させるようで、私にとっては不気味な言い方だが、実際に使う人もいる。

　さらに不気味に感じられる表現には、**cross** overという組み合わせも挙げられる。**cross** overは、基本的には **pass** overと似たような言い方であり、たとえば、

　　Every day, thousands of tourists **cross** over the Rhine River.

　　（毎日数千人もの観光客がライン川を渡る）
のように、「渡る」という意味で使われることが多い。ただ、"My grandmother **crossed** over last year." と言われたときに浮かんでくるイメージは、ギリシア神話に登場するカロンの渡し船だ。渡し守カロンに導かれ、死者はステュクス川（三途の川）を渡る、という話である。私がこのように連想するのは、おそらく、**cross** the Styx（ステュクス川を渡る＝死ぬ）という比喩的な決まり文句があるからだろう。

　いずれにしても、人が亡くなったことについて英語で何かを述べることがあれば、**passed away**か**passed on**が間違いのない、おすすめの表現である。

E・E・カミングスの死についての詩

　5歳くらいの頃から、私は聖書にある様々な「物語」をよく聞かされるようになった。「ラザロの蘇生」("The Raising of Lazarus")や「キリストの磔刑」("The Crucifixion of Christ")など、**死**を巡る話も多かったが、そんな「**死**」にまつわる話を聞いても、私にとってあまり現実味がなかった。何といっても、子ども心には、死は自分と直接関係のない「抽象的概念」に過ぎなかったのだ。小学5年生のときにも、ベンジャミン・フランクリンの伝記を読んで彼の名言、

　　In this world nothing can be said to be certain, except **death** and taxes.

　　(直訳:「この世において、確かだと言えるものは何もない、死と税金を除いては」

　　要旨:「この世では、人に必ず訪れると言えるものは**死ぬこと**と課税されることだけだ」)

に出会った覚えがあるが、なるほどと思っただけで、これも自分と関係があるようには感じなかったのだ。

　そういえば、大学1年生のときに受講した「近代アメリカ文学」という授業で読んだ詩人E・E・カミングスの有名な作品に驚いた思い出がある。それは、アメリカ史に伝説的な人物として刻まれる「バファロー・ビル」(本名 William Frederick Cody [1846〜1917])の**死**についての次のような詩だ。

Buffalo Bill's
defunct
  who used to
   ride a watersmooth-silver
        stallion
and break onetwothreefourfive pigeonsjustlikethat
        Jesus
he was a handsome man
      and what i want to know is
how do you like your blueeyed boy
Mister Death

(バファロー・ビル
逝(ゆ)けり
  濡れたようにつややかな銀色の
駿馬(しゅんめ)に
   またがって
あっという間に吹っ飛ばしたもんだ、一二三四五の
皿を
      すげえ
それにきりっといい男だった
     そこで知りたいのは
どう、あの青い眼の若いのが気に入ったかい
死神さん)
(『アメリカ名詩選』／亀井俊介、川本皓嗣・編／岩

波文庫)

　変わったlineation（行の配列）や語と語の間にあるはずのスペースが置かれず、"**onetwothreefourfive**"のように表記されている4カ所、通常大文字で書く代名詞の"I"（私）が小文字の"i"となっているところ、句読点がなく語彙にも独特な使い方があるなど、私には非常に新鮮で魅力的に感じられる詩であった。

バッファロー・ビルとは何者か？

　日本の俳句を英訳しても与える印象がだいぶ違うように、こうした英詩を和訳しても原文と同じような魅力は感じられないかもしれないが、それは仕方がないだろう。とりあえず、この詩の英語の特徴を細かく見てみよう。まず、冒頭の、

　Buffalo Bill's
　defunct
　（バファロー・ビル
　逝けり）

が極めて面白い言い方である。表しているのは一応"Buffalo Bill is **dead**"（バファロー・ビルは**死んでいる**）ということだが、**defunct**という語は基本的には"de-"(不) + "funct-"(機能する) =「機能しなくなっている」を表す言葉であり、現代英語ではふつう人間について用いることのない語彙である。

That is a **defunct** company.
(それは**抹消倒産**した会社です)

や、

That facility is **defunct**.
(その施設は**廃止されている**)

などのように、機能しなくなった「物」を示すために用いられる言葉なので、人間について用いると、その人に対する尊敬心がなく、むしろバカにしているような感じになる。

カミングスの詩で「アメリカン・ヒーロー」とされてきたバファロー・ビルについて **defunct** が使われたことは、私にとってとても痛快だった。というのも、1960年代に青春を謳歌した私の世代から見ると、American bison(アメリカ・バイソン、バッファロー)と Native Americans(アメリカ・インディアン、アメリカ州の先住民)の**皆殺し**で有名になったバファロー・ビルは、ヒーローなどではなく悪党の類だったのだ。

アメリカ人にとって「種馬」のイメージとは?

次の、

who used to
ride a **watersmooth-silver**
                    stallion

濡れたようにつややかな銀色の

13 死を表すおすすめの婉曲表現　　167

駿馬に
　　　　　またがって
という乗馬のイメージに関して、まず、**stallion**という語が効果的に使われている。**stallion**の最も基本的な意味は「去勢されていない雄の成熟馬」だが、「性的能力」や「精力」、「男らしさ」のシンボルとして頻繁に用いられる言葉である。

　1970年にまだ無名だった**イタリア系**アメリカ人俳優シルベスター・スタローン（Sylvester Stallone）が24歳で"Stud"（種馬）という役名で主演したポルノ映画 *The Party at Kitty and Stud's*（キティとスタッドのホーム・パーティー）は、のちに *The **Italian** Stallion*（イタリア系種馬）という別の題名で知られるようになった。

　日本版のDVDは『ザ・イタリアン・スタローン』（*The Italian Stallone*）という邦題になっているが、英語の原題ではItalian（itæljən）とStallion（stæljən）は押韻するので、非常に巧いネーミングだ。また、映画『ロッキー』（*Rocky*; 1976年）が話題になった頃から"The Italian Stallion"がスタローンのあだ名として定着した（ちなみに、イタリア語では「種馬」のことを *stallone*（スタローネ）という）。映画の中でもロッキー・バルボアは、まさに"The Italian Stallion"として紹介されているのだ。

いずれにしても、精力に満ちあふれていた若い頃のバファロー・ビルに、**stallion**はぴったりのイメージであろう。

死神がやってくる

前述の和訳で「濡れたようにつややかな銀色の」となっている**watersmooth-silver**は、通常 **water-smooth-silver**のように、**water**（水）と**smooth**（すべすべした）の間にハイフンを付けて表記するものだが、ハイフン無しで2語がくっついたほうが「水面のように滑りがよい」という感じが一段と強くなる。「あっという間に吹っ飛ばしたもんだ、一二三四五の皿を」と訳されている、

 and **break** onetwothreefourfive **pigeons**justlikethat
 あっという間に吹っ飛ばしたもんだ、一二三四五の皿を

の**pigeons**は、クレー射撃の標的に使われる **clay pigeons**（土ばと）のことである。もしその前の動詞が**break**（壊す）ではなく**shoot**（打つ）であれば、**pigeons**は本物の鳩の意味になる。なお、言うまでもなく、

 onetwothreefourfive **pigeons**justlikethat

のスペース無しの表記は、射撃の名手であったバファロー・ビルの早撃ちの猛スピードを強調するためであ

る。

それに続くJesusは、射撃のすごさについてではなく、次の行の"he was a handsome man"にかかり、「**なんて**美男子だったんだ!」の「**なんて**」の役割を果たしている。

しかし、最後の、

       and what i want to know is
how do you like your **blueeyed boy**
Mister Death

       そこで知りたいのは
どう、あの青い眼の若いのが気に入ったかい
死神さん

では、「若く、美しい」頃のバファロー・ビルを示す**blueeyed boy**(青い目の青年)の次の行に、**Mister Death**という「死」の擬人化が来る。私にとって意外で気味の悪い表現だったが、それでも、まだ若い自分のところにもいずれは**Mister Death**が訪ねてくるという現実感はまったくなかった。

もちろん、古希を過ぎた今なら、それは現実感をもってひしひしとせまってきている。

あとがき

　本書は、3年間にわたり季刊誌『kotoba』(集英社)で連載していた「英語で考えるコトバ」がもとになっている。連載は、「生物多様性」や「脱成長経済」「老人問題」「夏目漱石」など、主に時事問題やそのときのトレンドに沿ったテーマに関連する言葉の使い方について記したエッセイだった。今回そのエッセイに多くの加筆を施したのだが、日本人の英語学習者にとって役に立つと思える説明もたくさん付け加えたつもりだ。

　執筆中は、日本語だけではなく、英語についても考え直す必要を感じ、あらためて「刺激」をたくさん受けた。やはり言葉は言語を問わず、常に面白いものだと再確認した。

　本書で取り上げている英語だが、単語のレベルでいうと、たとえば、diversity(多様性)、capitalism(資本主義)、ageism(年齢層差別、特に老齢者層差別)、tsunami(津波)、radioactive(放射能のある)、lover(情人)、defunct(機能しなくなっている)、disaffected(不満を抱かされた)、fluffy(ふわふわした)、luckily(幸運にも)、mouth-watering(極めてうまそうな)、wound(痛める)、unhurried(ゆったりとした)などだ。

取り立てて珍しくも新しくもない英語だが、それぞれの用法を日本語と比較しながらよく考え、それまで気づかなかった面白さを発見することも多かった。英語のネイティヴ・スピーカーでありながら、永遠の日本語学習者でもある私にとって、二つの言語にある微細で興味深い共通点、相違点を発見するのはこの上もない喜びだ。

　言葉の最大の目的は「伝達」だろう。いかに心の細かい動きをつかみながら、自分の気持ちを相手に伝えるか？　それは、私の永遠の課題でもある。日本語・英語を問わず「伝達力の向上」に年齢制限などないはずだ。かなりいい歳になってきた私だが、これからも頑張って自分の「伝える力」を向上させるつもりだ。

　最後になったが、本書を書くにあたって、集英社インターナショナルの佐藤信夫さんにご尽力いただいた。佐藤さんは、かつて私の教え子だったが、大学の教室で初めて会ってから30年近くが経つ。彼を含めて、これまで、教室で様々な示唆を与えてくれた学生のみなさんに、この場を借りて心から感謝の気持ちを伝えたいと思う。

　そしてなにより、全国の読者のみなさんにも。ありがとうございます。

　　　　　　　　　　2018年3月　マーク・ピーターセン

本書は、集英社クオータリー『kotoba』2010年秋号（創刊号）から
12回にわたって掲載された連載「英語で考えるコトバ」に、
大幅に加筆・修正をしたものです。

本文写真：アマナイメージズ、松竹

マーク・ピーターセン

金沢星稜大学人文学部教授。明治大学名誉教授。1946年、アメリカ・ウィスコンシン州生まれ。コロラド大学で英文学、ワシントン大学大学院で近代日本文学を専攻。1980年に来日して以来、日本語で執筆を続ける。主な著書に『日本人の英語はなぜ間違うのか?』『なぜ、その英語では通じないのか?』(共に集英社インターナショナル)、『日本人の英語』『続 日本人の英語』『実践 日本人の英語』(すべて岩波新書)などがある。

英語(えいご)のこころ
2018年4月11日　第1刷発行　　　インターナショナル新書024

著　者	マーク・ピーターセン
発行者	椛島良介
発行所	株式会社 集英社インターナショナル 〒101-0064 東京都千代田区神田猿楽町1-5-18 電話 03-5211-2630
発売所	株式会社 集英社 〒101-8050 東京都千代田区一ツ橋2-5-10 電話 03-3230-6080（読者係） 　　　03-3230-6393（販売部）書店専用
装　幀	アルビレオ
印刷所	大日本印刷株式会社
製本所	加藤製本株式会社

©2018 Mark Petersen　　Printed in Japan
ISBN978-4-7976-8024-9 C0282

定価はカバーに表示してあります。
造本には十分に注意しておりますが、乱丁・落丁(本のページ順序の間違いや抜け落ち)の場合はお取り替えいたします。購入された書店を明記して集英社読者係宛にお送りください。送料は小社負担でお取り替えいたします。ただし、古書店で購入したものについてはお取り替えできません。本書の内容の一部または全部を無断で複写・複製することは法律で認められた場合を除き、著作権の侵害となります。また、業者など、読者本人以外による本書のデジタル化は、いかなる場合でも一切認められませんのでご注意ください。

インターナショナル新書

012 英語の品格
ロッシェル・カップ 大野和基

please,whyなどを安易に使うとトラブルに!? 英語は決して大ざっぱな言語ではない! ビジネスや日常生活を円滑にするには、繊細で丁寧な表現が必須。日英両言語とその文化に精通した著者が、すぐに役立つ品格ある英語を伝授する。

017 天文の世界史
廣瀬 匠

西欧だけでなく、インド、中国、マヤなどの天文学にも迫った画期的な天文学通史。神話から最新の宇宙物理までを、時間・空間ともに壮大なスケールで描き出す! 天体ごとに章立てし、暦や陰陽師から彗星、ダークマターまで、知られざる逸話も満載。

021 「最前線の映画」を読む
町山智浩

『ラ・ラ・ランド』はラブ・ロマンスにあらず。『ブレードランナー2049』と『ロリータ』には意外な接点がある!? スコセッシ監督が遠藤周作の『沈黙』の映画化にこだわった理由とは? あの話題作・ヒット作に隠された「秘密」を解き明かす!

023 新・冒険論
角幡唯介

チベットで人類未踏の峡谷踏破、北極圏の闇世界を歩く80日間の極夜行など、真に独創的な挑戦をしてきた著者。ピアリーやナンセンらの壮絶な経験から冒険の本質に迫り、すっかりスポーツ化した現代の「疑似冒険」を喝破する!